陪孩子度过7~9岁叛逆期

李 静◎著

时代出版传媒股份有限公司
北京时代华文书局

图书在版编目（CIP）数据

陪孩子度过7～9岁叛逆期 / 李静著. -- 北京 : 北京时代华文书局, 2016.9

ISBN 978-7-5699-1167-1

Ⅰ. ①陪… Ⅱ. ①李… Ⅲ. ①儿童教育－家庭教育 Ⅳ. ①G782

中国版本图书馆CIP数据核字(2016)第217615号

陪孩子度过7～9岁叛逆期

著　　者｜李　静

出 版 人｜杨红卫
选题策划｜马剑涛
责任编辑｜李凤琴
装帧设计｜润和佳艺
责任印制｜刘　银

出版发行｜时代出版传媒股份有限公司　http://www.press-mart.com
北京时代华文书局　http://www.bjsdsj.com.cn
北京市东城区安定门外大街136号皇城国际大厦A座8楼
邮编：100011　电话：010-64267955　64267677

印　　刷｜北京毅峰迅捷印刷有限公司　010-89581657
（如发现印装质量问题，请与印刷厂联系调换）

开　　本｜710×1000mm　1/16
印　　张｜14
字　　数｜225千字
版　　次｜2016年11月第1版　2016年11月第1次印刷
书　　号｜ISBN 978-7-5699-1167-1

定　　价｜36.00元

前言

孩子不听话，父母怎么办

曾目睹这样一件真真实实发生的事情，深受启发。

一个二年级的调皮小男孩总是故意给大人们捣乱。他的爸爸并没有斥责他，而是给他一个秒表，并说道："孩子，帮我数时间，看看我写完这道程序需要多久。"于是，孩子不再故意捣乱了，很认真地开始数时间，1 秒钟，2 秒钟……1 分钟，2 分钟……当他数到 30 分钟的时候，他的爸爸已经圆满完成了工作。孩子非常惊讶："爸爸，您继续写啊，您时间还够用呢！"

这位爸爸的招数可谓找到了问题的关键。他的孩子不停地给他捣乱，是因为想引起他的关注。让孩子帮忙数时间，孩子在这个过程中，会觉得自己是个"小大人"，爸爸将这么重要的任务教给自己，可见自己是很受"器重"的。孩子"寻求关注"的心理得到了满足，所以就开始专心做事情，不再继续捣乱了。

调皮的孩子们故意给大人们捣乱，这情景想必诸位父母并不陌生。很多父母也是招数百出，但聪明的孩子总能见招拆招，到了最后，父母都无招可出。为什么会这样呢？因为父母们通常都只是看到了问题的表面，而没有像这位爸爸那样，抓到问题的关键。

除此之外，7 ~ 9 岁的孩子们，还经常跟父母唱反调，做出一些挑战父母忍耐极限的事情：出门的时候，动不动就撒泼，发脾气；吃饭、起床从来没有好好合作过；卧室乱糟糟从来不自己收拾；看电视和玩手机从没有任何时间观念；不爱洗澡、说谎更是家常便饭。孩子凡事都是由着自己的性子，从来不把规矩当回事。

孩子们在学校里也不是省油的灯，常常惹出大大小小的麻烦；缺乏学习热情，和窗外的孩子们传纸条，写家庭作业粗心马虎还拖延；甚至还在遭遇伙伴危机……

孩子们为什么如此“叛逆”，凡事都要和父母对着干？拿什么拯救这些不听话的小小孩？其实，这些所谓的“叛逆”“不听话”都是孩子向我们发出的抗议信号，他试图向我们传达这样的心声：“我已经长大了”“我需要更多的自由”“我想独立成长”。

对于这个阶段的孩子，父母在教育他们的时候，需要抓住问题的关键点，讲究一定的策略和方法，用孩子喜欢的方式与孩子达成合作。那么，什么样的方法和策略是孩子喜欢的，什么样的沟通方式能让孩子愿意合作呢？

本书为父母们提供了针对7～9岁叛逆期孩子的最佳教养方式，以及一些实用且非常有效的教育方法。诸如：对于无理取闹的孩子予以积极的暂停；利用积分合作法来激发孩子自觉收拾房间和书包的动机；用父母装睡法对付睡前吵闹的孩子；用最有效的方法定制规矩，孩子才愿意遵守；给孩子设立一个“失败奖”来鼓励没考好的孩子；利用“游戏法”提升专注力；让孩子当“小老师”，利用“外部动机法”唤起孩子对作业的兴趣；让孩子一起参与一些大事情，来强大孩子的身心等。想知道更多实用且接地气的教养招数吗？请翻开本书，耐心寻找吧！

目录
contents

Part3 孩子的习惯有问题，父母应该怎样做

Part4 孩子不爱学习，父母应该怎样做

Part5 孩子不爱写作业，父母应该怎样做

Part6 孩子人际关系差，父母应该怎样做

Part7 做高情商的父母，孩子既独立成长又不叛逆

Part 1

不打不骂不动气，叛逆不是孩子的错

孩子们仿佛一下子就成了“小大人”！有时候，他们的语言和行为实在令父母们大为头疼。常常跟父母唱反调，动不动就撒泼，发脾气，顶嘴。一点儿规矩也没有，父母制定的规矩统统都成“耳边风”，屡屡挑战父母的底限。孩子在学校里也同样不让人省心，常常惹出一些大大小小的麻烦。缺乏学习热情，和窗外的孩子们传纸条，家庭作业从来不好好做，甚至还在遭遇伙伴危机。

莫急，莫急，这些看似叛逆不听话的行为，其实是孩子顺利成长的信号。父母们只需要讲究一定的策略和方法，多用孩子愿意接受的沟通方式来与孩子达成合作，就能帮他们顺利完成一次次成长的蜕变。

不较劲，用沟通来促成合作

开篇第一节，先给大家讲一个小故事：

一座小岛上，生活着一群快乐的孩子，还有一些认真工作的“直升机”。这些“直升机”们在上空隆隆隆飞翔，密切监视孩子们的一举一动。这些“直升机”都很有“爱”，孩子们的吃饭、睡觉、上课、写作业、看电视、和朋友们一起玩耍……统统在“直升机”们的监视范围内。

“直升机”们对孩子们也是非常溺爱的，对孩子们的要求几乎是有求必应。但有时候，这些“直升机”会认为自己为孩子做了很多事情，孩子必须听自己的话。还有的“直升机”希望自己能够很好地控制孩子们。

随着时间的流逝，这些孩子们越来越大。他们开始讨厌生活在直升机们的监视之下，于是开始唱反调了。他们计划逃离这个小岛，去一个更广阔的世界生活。“直升机”们发现之后，便开始了一场和孩子们的“战斗”。

好吧，这里的直升机是不是有点过分？孩子们的处境有没有很像“楚门的世界”？大家先不要同情这些孩子们，其实反过来想一想，这些“直升机”可就是我们自己啊！

如今，我们觉得已经上小学的孩子们总是和我们唱反调，动不动就撒泼，胡闹，发脾气，顶嘴。具体来说：凡事都喜欢依着自己的性子来；常常故意赖床、迟到；不吃这不吃那难伺候；在学校里经常惹是生非不合作；喜欢在大人们工作和聊天的时候捣乱；房间里从不收拾，乱得跟“猪窝”似的；看电视从来不守时间规则……

孩子为什么处处和我们对着干？这其实是孩子们向我们发出的抗议信号。他试图表达：“我已经长大了”“我需要更多的自由”“我想独立成长”。

父母必须意识到自己的教育方式出错了，并积极改善。试着给孩子更多的自由，多听听孩子的想法，而不是溺爱过度或控制过度。父母还要多多注意自己的对话方式，用孩子愿意接受的沟通方式来与孩子达成合作。

当然，改变教育方式是一方面，对于这个时期的“小大人”的反叛行为，父母也要讲究一定的策略和技巧。比如，对于过于任性胡搅蛮缠的孩子，可以来点积极的暂停；对那些从来不自己收拾房间的孩子，就邀请和他比较要好的异性朋友来参观、帮忙；对于那些总是故意打断大人们工作的孩子，就让他帮你看表数时间；对于那些不合作的小小电视迷，干脆用大书架代替电视墙等。

要想让“小大人”乖乖合作，用心教育固然重要，斗智斗勇也不可忽略！

和孩子一起定规矩

清晨蛋挞般的阳光，非常柔和地铺满了这条通往学校的小径。两旁葱郁的树冠里，时常传来鸟鸣声，此起彼伏。鸟儿吃饱了喝足了，在树冠层惬意地看着匆匆赶往学校的孩子和父母们，讨论着关于他们的故事。

这一天和过去一个月的那些天没什么不同。我们的一些父母和孩子，每次大老远就能听到阵阵雷鸣般的哭声，确切来说是“只响雷，不下雨”。这声如洪钟的小男孩就是一个刚刚升入一年级的男孩简简。他还没有适应小学生活，甚至非常抵触上学。后来我才了解到，这个小男孩在学校并不是过得不愉快，而是故意用这种在校门口撒泼的方式来威胁他妈妈答应他的一些无理条件。没规矩的孩子又何止简简一个？

二年级的小黑黑丢三落四是出了名的，他父母采取了很多方法来帮他改掉这种坏习惯，他们甚至给孩子定下了许多规矩，诸如：写完作业后要将作业本和课本放入书包里，睡前检查一遍明天要用的东西，早晨临走前确认一下有没有落下什么文具和书本等。可是小黑黑没有一次是按规矩来的。

三年级的赵鹏飞，说他是马虎虫一点都不过分。作业写得堪比天书，这还不算，他比较经典的就是还能把自己的名字赵鹏飞写成“招腾废”。写作文的时候，把“奶奶”俩字写成“奶牛”，还把奶奶的擦脚布当成了手帕。这个马虎虫，任凭他父母采取怎样的措施，制定怎样的规矩，他依然我行我素。

天天和蜜桃算得上省心的孩子，但是偶尔也会挑战大人们的底限。天天有一阵子无论如何都不愿意洗漱，心甘情愿当小花猫。还有那么一阵子，天天和蜜桃就像商量好了似的，每天都“买买买”。

……

这个年龄段的孩子为什么那么抵触父母制定的规矩？一般来说，父母认为自己是父母，孩子就应该听父母的。可是这个阶段的孩子，有自己独立的思想，父母越是这样想，孩子也就越抵触，越是不愿意遵守规矩。在孩子很抵触的情况下，有的父母就会出现很多负面情绪。结果亲子之间越闹越凶，孩子从抵触规矩到彻底和规矩对着干。

那么，什么样的规矩才是孩子愿意遵守的？父母如何来制定规矩，孩子才不会抵触？规矩本身不能是僵硬的，冷冰冰的，而必须是充满爱的规矩。父母在给孩子制定规矩的时候，要采取和善、坚定的态度，并且要和孩子有眼神交流。规矩的内容一定要听起来简单而具体。父母在跟孩子说完规矩后，一定要让孩子重复一遍规矩。为了帮孩子遵守规矩，可以借用积分兑换制等。只有这样制定出的规矩，孩子才没有抵触情绪，心甘情愿用规矩来纠正不良行为。

信任孩子，孩子才会更自信

“啊！！！”

随着一声惨叫，小黑黑吓得双腿发软，脸上火辣辣的红，更不争气的是裤腿里一下子流出了很多“水”。大家听到这声惨叫，小脑袋瓜不约而同地转向小黑黑。太静了，静得掉根针的声音都能听到。随后就是哄笑声一片。是什么东西吓到小黑黑了？原来只是一只有点肥的小肉虫而已。

“唉，小黑黑这次可丢人丢大了！”赵鹏飞在跟我和天天详细讲述完邻居小黑黑那件窘事之后，还忍不住哄笑道，“他也太胆小了，怪不得最近请假了，照我看来，不一定是生病了。”

小黑黑一直是个胆小的孩子，这点我们大家都是知道的。他从小就被父母宠溺惯了，他父母对他可谓照顾得“无微不至”：很少让儿子去野外和其他孩子疯跑，认为外面的细菌太多了；从不让孩子做家务活，怕他务到自己；对儿子的每一位朋友都要严格审核，生怕他交到损友；还有，担心儿子出门被绑架，担心不小心惹来车祸……为了不让儿子输在起跑线上，还给儿子报了很多的兴趣班，尽管这些并不是小黑黑的兴趣所在。或许是因为学业压力太大，或许是因为自己一直被父母控制得紧紧的，还或许是很少进行户外运动，小黑黑经常生病，动不动就因发烧请假。

实际上，像小黑黑这样，胆子小又经常生病，一点困难就能把他吓倒的孩子是大有人在的。这些孩子的父母同小黑黑的父母也有诸多相似之处，都是恨不得二十四小时监督孩子，他们热衷于将已经上了小学的孩子当婴儿对待。其实，父母们在抱怨孩子不自立、依赖性强、体质差、性格软弱的时候，可曾想过，自己也有很大的责任。

如果想让孩子成为小小男子汉或者坚强的公主，那圈养就远远不如放养了。就让大自然和社会来打磨孩子吧。父母不妨每周抽出一些时间，将孩子推入自然和社会中，让他从跌打中成长。

经常和孩子徒步自然中，这里的自然不单单指家门口的公园和植物园，还包括更广阔的自然界。比如，和孩子一起行走于山溪之间；带孩子去嗅嗅一望无际的金色麦田的味道；和孩子一起去大海边踩着沙滩，吹着海风，拣贝壳……

父母也可以多和孩子一起去一些名胜古迹旅行。这不仅能开阔孩子的视野，还能使孩子学到更多书本上学不到的东西。历史、地理、文学这些方面自不必多说，甚至就连一些生存能力也能在这个过程中逐渐积累提升。

父母也要多给孩子一些参与大人事务的机会。不要把这个年龄段的孩子当小孩看，要明白，他们其实对很多事情都是有一定的独特见解的。具体来说，可以让孩子一起参与家庭的一些重大决策，可以让孩子跟着大人一起去办一些大事情。在孩子参与的过程中，父母对他们越信任，孩子就越自信，在独立的路上就会走得更远。

叛逆期的教育是关键，父母很重要

做父母的都希望自己是个好父母，但有时候又不仅仅满足于此，还想成为一个对孩子来说很有用的父母。可是如果没有好的方法和教育方式，空有想法，便如同“空中楼阁”。当然，事情也没这么简单，有时候还要随时做好准备，迎接飞面而来的各种麻烦。

路上遇见赵鹏飞妈和蜜桃妈。赵鹏飞和蜜桃低着头，看到我和天天时，只小声和我们打招呼。这显然与平日淘气的他们很不相符。再看两位妈妈，脸耷拉得有点长，平日的和颜悦色无可寻觅。想必他们四位是刚刚从老师办公室出来的吧。

果不其然，两位妈妈见了我第一句话，竟然异口同声地说：“急！孩子在学校有了大麻烦！”我听到最后三个字，心里一惊，后来才得知这“大麻烦”原来是这样的：

上个月班里调了座位，赵鹏飞和蜜桃两个人的位置都是靠窗户的。这下可美了！赵鹏飞和蜜桃都是调皮的孩子，不靠窗户的时候，就经常在上课的时候叽叽喳喳，交头接耳。靠了窗户，一下子变“安静”了。他们开始经常看窗外走神：踱着步子检查纪律的主任，迟到的同学，开得正艳的花儿，花丛里的蜜蜂，树上的小鸟，绿色的足球场；还有不远处的步行街，悠闲惬意的行人，促销员的吆喝声此起彼伏。这一切比上课有意思多了。而且现在的位置正临一处小花坛，常常有高年级的学生在这里绘画。他们两个甚至和这些高年级的孩子们互传纸条来聊天！

两个孩子最近的家庭作业问题太多了：错误率高，抄袭，马虎，拖延……在整个年级都能算得上是家庭作业小魔头了。

这些都还不算，两个孩子竟然常常与高年级那几个调皮男生混在一起，几个人总是欺负学校里的孩子们，还向人家索要零花钱。就因为这样，现在他们俩在班里的人缘差极了。

两位妈妈说到这里，声音已经越来越大，情绪也已经难以控制了。

其实孩子们在学校里总会遇到一些“麻烦的事儿”。父母们应该做的不是发怒和斥责，而是先反省自己：自己的教育方式是否正确，自己的对话方式是否是孩子愿意接受的，怎样说孩子才听得进去，等等。

帮孩子解决成长难题也是需要一些技巧，需要花费一番心思的。对于缺乏学习动力的孩子，不妨这样点燃他们的学习热情：

（1）给孩子设立一个“失败奖”，让讨厌考试的孩子重新找回信心；

（2）用摇滚法唱唱英语单词来激发孩子学习英语的信心；

（3）孩子注意力不集中，利用“游戏法”来帮他提升专注力；

（4）对于不爱写家庭作业的孩子，不妨在写作业之前先聊聊学校里好玩的事儿；

（5）让孩子当“小老师”，利用“外部动机”法唤起孩子对作业的兴趣等；

（6）对于那些遭遇伙伴危机的孩子们，不妨以一种孩子喜欢的对话方式来撬开他的心事；

（7）多说说任课老师和小伙伴们的好话，孩子就能更阳光；

（8）给孩子提供一些对付“小霸王”的方法，从而积极帮孩子变得更强大。

Part 2
孩子总是对着干，父母应该怎样做

已经上了小学的孩子，时常和大人对着干：凡事都依着自己的性子来；早晨是怎么也叫不醒的小懒虫；从来不会收拾自己的房间；吃饭挑肥拣瘦难伺候；经常在学校里惹是生非；动不动就和父母顶嘴，甚至还拿离家出走来威胁！对这样的孩子无语更无招？

其实，孩子和父母对着干，父母这样做很有效：对于无理取闹的孩子予以积极的暂停；利用积分合作法来激发孩子自觉收拾房间和书包的动机；用父母装睡法对付睡前吵闹的孩子；用大书架代替电视墙帮小小电视迷蜕变为图书迷；等等。

孩子无理取闹，采用“积极暂停法”

☺ 将积极的暂停法和传统的“罚站”“面壁思过”区分开来

☺ 和孩子一起布置一个属于他的“冷静角”

一位闺蜜在和丈夫吵架的时候，习惯性地给所有的朋友们打电话，告诉大家她马上会离婚。大家都太了解他们了，因此往往一致建议俩人先分开一段时间，或者先将这件事情“暂停”。说来也奇怪，这种方法百试百灵，往往是隔两三周后，她又会兴高采烈地给朋友们打电话，告诉大家别担心了，他们要去三亚度假了……

暂时分开，不理彼此，在这段时间里分别反省自己的言行，找到解决问题的方法。这可谓一种积极的暂停术。这种方法不仅可用来处理夫妻之间的争吵与分歧，而且用在亲子沟通上，效果也是相当明显的。

天天有时候会无理取闹。比如，有一次我们曾承诺周末要带他去野外露营，可是计划赶不上变化，周末两天天气突然骤变，阴沉沉的。再加上工作上有一些比较急迫的事情，最终我和天天爸只好将这个计划推迟。结果，天天大哭大闹。任凭我们如何同他解释，他都不肯原谅我们。他甚至打包好了，打算自己背着帐篷出去野营。这分明是在威胁我们。我知道孩子想独自去做一些事情是好的，但是对于这个年龄的孩子，独立出去野营显然是不合适的。我既担心又愤怒。这时候，我建议他："我们各自回到自己的冷静角待会儿。等想明白了，我们再商量。"

我去书房读那本读了一半的小说，他爸爸赶紧忙自己的工作，天天则去阳台上的冷静角坐着椅子欣赏外面的风景。半个小时后，我们再来商量这件事情的时候，彼此都平静了许多。天天开始认为下周去野外露营也是不错的选择，毕竟这周天气太糟糕了，如果下雨，那就没办法自助烧烤了，并且也没办法采集植物标本。好吧，事情圆满解决。在接下去的一周，我们也履行了承诺。

这里用的也是积极暂停法。积极的暂停是源自国外的一种比较有效的育儿方法，它常常被用于孩子犯了错或无理取闹的时候，当提醒、警告、制定规矩、商量等都变得无效时，而采用的一种马上喊"暂停"的方式。它主张父母和孩子都停止正在做的事情，各自待在自己的一个特定区域，让自己冷静下来，几分钟或半小时后再继续商量处理之前的问题。运用积极的暂停法来对付胡搅蛮缠、无理取闹的孩子，在具体操作的时候，要这样做才有效：

将积极的暂停法和传统的"罚站""面壁思过"区分开来

有些父母觉得在亲子沟通不顺畅的时候，让孩子独自去一个角落里冷静一会儿，这不就是传统的"面壁思过"？其实这两者间的差别还是蛮大的。

"罚站"和"面壁思过"其实是一种冷暴力惩罚方式。父母和孩子都有负面情绪，父母命令孩子去冷静一会儿，有时候还加上一些诸如"好好反思自己错在哪里！"此类的话。如此，孩子容易产生逆反情绪，不但不愿意反思错误，而且认为父母不够爱自己。对于叛逆心重一点的孩子们来说，他们甚至会想：“你尽管罚，我就是不听！”

而积极的暂停，则是指建议将这件事情暂时搁置一下，大家各自去自己的一个特定区域做点别的事情。当孩子和父母都平静下来时，大家再重新来思考刚才发生的事情。这时，孩子就更愿意接受父母的建议，也更愿意反思自己的错误。

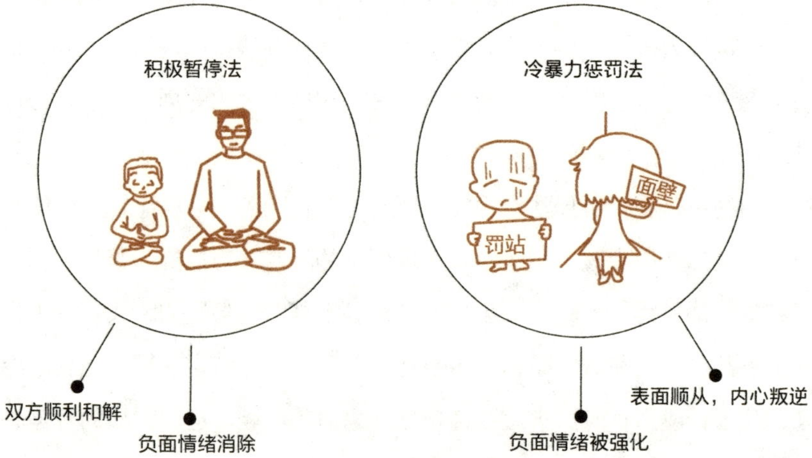

和孩子一起布置一个属于他的“冷静角”

父母可以让孩子自主选择家里的一个安静角落，并和孩子一起对这个角落进行布置，成为孩子的“冷静角”。至于如何布置，最好让孩子自己来决定。有的孩子可能喜欢在冷静角贴一些图画，放上自己喜欢的书籍和玩具。当不高兴的时候，可以在这个地方看看自己喜欢的书，玩一会儿喜欢的玩具，听听喜欢的音乐，情绪很快就能得到缓解。

当孩子感觉好起来的时候，就是解决问题的好时机。这时候父母可以和孩子商量解决问题的方法。当然，并不是所有的暂停一会儿，都能收到极好的效果。更多的时候，孩子虽然在冷静角待了一会儿后情绪好转，不再无理取闹了，但问题仍然是比较棘手的，并不一定有好的解决方案。这种时候，父母要站在孩子的角度理解孩子，毕竟问题虽然没有好的解决方案，但任性的孩子已经停止了哭闹和胡搅蛮缠，已经学会理智和父母沟通对话了，他的身心已经于无形中完成了一次蜕变。这已经值得父母骄傲了。

孩子没主见，善用一些小时机

- ☺ 家务活看似没技术含量，其实最能培养孩子的独立性
- ☺ 书包、书桌和卧室，将收拾的权利“还”给孩子
- ☺ 突然停电、电话不通、停水等状况，也是锻炼孩子独立性的好时机
- ☺ 学美术，学跆拳道，还是学舞蹈？自己的事情自己定
- ☺ 家庭作业后、临睡前的时间，不妨让孩子自己来支配

天天上一年级的时候，班级里经常有一些亲子野营、亲子志愿者之类的活动。那年秋天，周末的活动是去一所自闭症儿童学校，陪那里的孩子们一起玩耍，中午要给他们包饺子。

早晨的天气还有些清冷，落叶满地。孩子们来到陌生的地方，似乎总能发现好玩的事情。他们有的采集金黄的树叶，在地上绘制叶子“作品”；有的在满地的落叶上蹦蹦跳跳，听树叶发出的吱呀吱呀的声音；有的和自闭症儿童一起画画；还有的主动开始擦玻璃，清扫院落……孩子们似乎都能找

到“自己的事情”，但有一个小男孩例外。他孤独地坐在长椅上，一动不动，自始至终只是看着别人玩耍。

我弯下腰问他：“为什么不和其他小孩一起玩？”

他的小脸瞬间红了，胆怯地回答：“阿姨，我妈妈让我待在这里等她。妈妈还特意提醒我，不让玩树叶，那样鞋子就脏了。”

“你可以和他们一起画画去，有围裙，不会弄脏衣服。或者擦玻璃，也是很不错的选择。”我建议他。

“不行，这些我都不会的。”小男孩低着头说。

正说着，他妈妈过来了，冲我笑笑，迅速从他书包里拿出水，亲手为他端着，催促他快点喝；然后又亲自为他剥桔子，帮他洗手。这个年龄段的孩子，这些事情是应该自己做的。

中午大家一起为自闭症儿童包饺子的时候，他们俩就更显得突兀了。很多孩子虽然并不会包饺子，但是至少在参与。这位妈妈却打发自己的孩子看电视去，觉得他什么也不会做，不如一边去。这位妈妈还一个劲儿地叮嘱别人：“馅调淡了”“菜放少了！”“不对，不能这样擀面皮”……别人听了很反感。的确，有这样事事包办，事事喜欢干涉的妈妈，孩子依赖性强，不够自立也是必然的了。

实际上，这样的父母并不少，尤其是独生子女家庭。很多父母一直像照顾婴儿一样照顾孩子，特别是在孩子的幼儿时期和小学时期，完全放心不下让孩子独立做事情。这些孩子甚至上了小学三年级，都是父母给他们穿衣服；父母帮忙收拾书包；父母和孩子一起写作业，“帮”孩子思考。这些父母还习惯命令听话的孩子“不能这样做”“要那样做”，等等。

父母凡事包办，必然导致孩子动手能力差，懒得思考，缺乏主见，依赖性特别强。当父母意识到这个问题的时候，就要及时做出改变了。如何帮依赖性强的孩子完成一次成长蜕变？其实在日常生活中一些小小的时机里，就藏着“治愈”依赖症儿童的良方。

家务活看似没技术含量，其实能培养孩子的独立性

父母最初可以多给孩子派发一些简单的家务活，诸如去家门口的菜市场或店铺里买点酱油、馒头之类的。孩子们一般比较乐意做这些。如果担心孩子被坏人哄骗，可以悄悄跟踪他，但不要让他发现。过段时间后，父母可以派给孩子一些负责择菜、洗菜或扫地的简单活儿。一开始孩子做这些活由于比较生疏，可能会出一些乱子，诸如择菜时留下烂叶子，扔掉好叶子；洗菜时搞得厨房地面被水“淹没”。对此，父母要多一些耐心，即便生气，也不要训斥孩子，不能打击他的积极性，反而要多传授他们一些做家务的诀窍才好。

书包、书桌和卧室，将收拾的权利“还”给孩子

孩子上了小学之后，许多父母心疼孩子有了学习任务，更是责无旁贷地承担起帮孩子整理书包，整理书桌，清理卧室的责任。其实这些都属于孩子的“权利”，对于这个年龄段的孩子来说，父母根本不需要全权代劳，只需要稍加指导，孩子自己就能做得很好。这些事情看似浪费时间，比较琐碎，但如果孩子长期坚持自己去做，就能大大提高条理性和动手能力。这些事情看似与学习不相关，其实学习还真的能得到助力。

突然停电、电话不通、停水等状况，也是锻炼孩子独立性的好时机

有时候，家里会出现一些突发情况，比如，突然停电停水，突然电话欠费，等等。这时，父母可以教给孩子一些处理方法，鼓励孩子自己去处

费来说吧，父母只需要告诉孩子缴纳手机话费的多

己进行网上缴费。再比如停电了，可以鼓励孩子给

会求助。

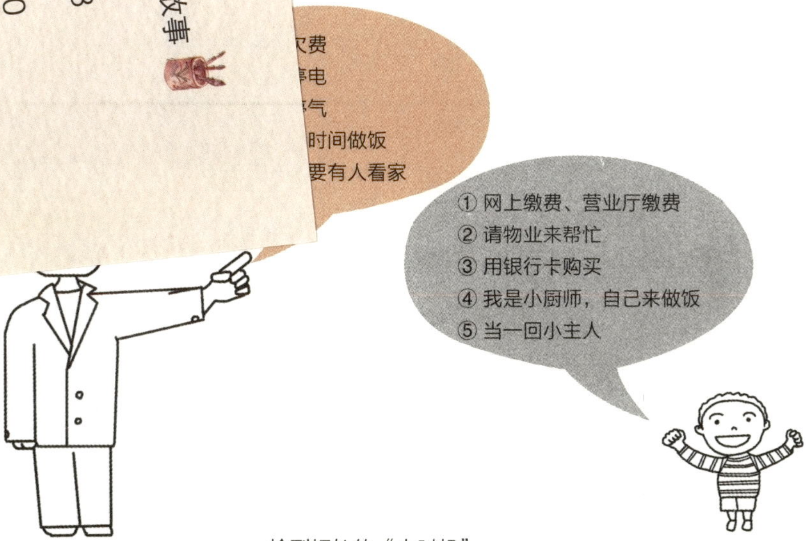

恰到好处的“小时机”

学美术，学跆拳道，还是学舞蹈？自己的事情自己定

在如今这个兴趣班横行的时代，每个父母都渴望孩子学得十八般武艺，懂得多了，会得多了，将来就有了更多的选择权利，不为生活所累。其实孩子学什么，怎样学，应该让他们自己来决定。当孩子学会自己的事情自己决定时，他也便懂得了为自己的行为负责。

家庭作业后、临睡前的时间，不妨让孩子自己来支配

孩子在写完家庭作业后，一般也就是 8 点多钟的样子，临近睡觉还有

一个小时左右。这段时间，父母不要帮孩子安排事情，让他自己来自由支配。孩子可能会选择一些自己感兴趣的事情：画画，拼图，看电视，看书之类的。时间一长，他就会慢慢摸索出独立安排时间的规律，自立能力便能获得提升。

孩子不爱整理，采用“合作法”来引导

☺ 采用积分合作方法，孩子会比较乐意整理房间

☺ 请孩子的异性好朋友来家里参观，迫使他养成整理房间的好习惯

☺ 邀请孩子和他的朋友们一起来整理被她们搞得乱七八糟的房间

孩子一边玩，一边不停地制造“杂乱的空间”，父母不得不跟在孩子屁股后面收拾来收拾去。这恐怕是很多父母的切身体验。本以为孩子上了小学就会好许多，可是父母们常常郁闷地发现：已经是小学生的孩子了，作业和书本还会扔得到处都是；自己的房间更是乱七八糟，被子胡乱揉作一团，地上满是零食和书本“炸弹”，未喝完的饮料洒在了书桌上……

天天这个淘气包也是这么过来的。当他还上幼儿园的时候，我采取的策略是：装作小孩儿，和他一起玩，边玩边整理。他玩玩具的时候，我便说“我们一起玩吧”，然后在这个过程中，就说“这个玩具累了，它想回它的‘家’里休息一会儿”，或者说“我们一起来打扫卫生吧，这样你爸爸回来会看到

家里这么干净呢！”

不过做父母的总是要和孩子斗智斗勇。天天上小学后，自然这种方法就失效了。这时候我不得不改变策略，采取积分法。即规定好天天应该做的整理任务，将这些任务进行细分。每完成一项，就获得一个积分，可以兑换一件自己喜欢做的事情。这种方法持续了很长一段时间，直到天天上三年级时，他对这种方法就再也不感冒了，房间又恢复到乱糟糟的状态。此时我不得不再次开动脑洞，想出了让天天的异性同学来家里做客的办法。此时天天为了不让异性同学“看笑话”，只好每次乖乖整理房间。

多数父母都不喜欢孩子将房间搞得乱七八糟，而这个年龄段的孩子们并不喜欢收拾。强迫孩子收拾整理可能会使他对做家务产生厌烦情绪。这里就详细告诉大家几招用合作的方式教会孩子整理房间的方法：

采用积分合作方法，孩子会比较乐意整理房间

父母可以利用积分合作的方法来帮孩子养成整理房间的好习惯。所谓的积分合作，也就是说，每当孩子完成一项任务时，就给予孩子一定的积分。而这些积分都对应一定的奖励。要注意的是，这种奖励要尽可能不是物质的，而是一些孩子喜欢做的事情。这里有一张关于整理房间的积分兑换表，大家可以作为参考：

整理房间的具体任务	积分	对应的奖励
床铺整洁干净	1	1．看动画片15分钟需要8个积分。
地面干净无杂物	2	2．周末和朋友们一起露营玩耍需要10个积分。
书桌干净整洁有条理	2	3．买心仪的玩具需要30个积分。

续表

书柜中的书目整齐有序	2	4．去一次喜欢的饭馆吃饭需要80个积分。
脏衣服放入洗衣篮中	1	5．一次短途旅行需要80个积分。
……	……	……

请孩子的异性好朋友来家里参观，迫使他养成整理房间的好习惯

对于已经上了小学的孩子们来说，比起同性朋友，他们更在意异性朋友对自己的看法。父母可以利用这点来迫使其不得不养成整理房间的好习惯。比如，经常邀请附近的异性同学和其家人来家中做客。在做客之前，就告知孩子，有可能会参观他的房间。这样孩子为了给异性同学留个好印象，就不得不主动整理房间。父母也可以趁此机会告诉孩子一些整理术，使他又好又快地整理房间。诸如将房间分成玩具区、学习区、休息区、活动区等。将不同物品进行分类，放入属于它们自己的区域内。这样孩子在整理之前，头脑里就有一个清晰的条理，在整理的时候也就能够做到有的放矢。

邀请孩子和他的朋友们一起来整理被弄乱的房间

当孩子的小伙伴们来家中玩耍时，几个人通常会将玩具、书籍扔得到处都是，将房间弄得乱七八糟。对于这样的情况，父母可以在孩子的朋友刚刚来家中做客时，提前给他们定下一条规矩，即玩耍后，一定要将房间整理好。玩具放在玩具整理箱中，书籍放在书柜里，零食放入零食整理箱里。并让孩子们重复这条规矩。在他们开始玩耍之前，也要告知不遵守规矩的后果：只能留在这个没有收拾的房间中。

当孩子们玩耍结束后，再次提醒他们遵守之前说过的这条规矩。一般情况下，孩子和他的朋友们会很快收拾房间，使它快速恢复原貌。但凡事也有

例外。如果孩子的朋友们不想遵守规矩，那么你就只好兑现承诺。让他们继续留在房间里，顺便和他们的父母说明情况。当然，你也可以试着这样做：走进房间，将散落在地上的一件玩具捡起来，让其中一人归位，用鼓励并和善的眼神看着对方，跟他说："小朋友，能帮我将这个玩具放回去吗？谢谢你！"再捡起一件，让另一个人帮忙归位。这样孩子们一般会选择乖乖帮忙整理。

孩子睡眠不规律，巧用一点小花招

☺ 父母假装睡觉，孩子就会乖乖睡觉

☺ 对于早晨不想起床的孩子，父母可以耍点小花招

☺ 当着孩子的面与人闲聊时，故意夸赞他的好习惯

见到玉儿妈的时候，发现她脸上黯淡无光，神色疲惫，无精打采的。一问才得知，她最近患上了失眠症，而这失眠的起因竟然是女儿的睡眠坏习惯。事情是这样的：

刚上一年级的玉儿似乎不太适应小学生活，在很长一段时间里，总是晚上吵吵闹闹不睡觉，早上哼哼唧唧不起床。本来给玉儿规定的睡觉时间是晚上九点至九点半，可是一到了这个点，她根本就不会准时入睡，非要缠着妈妈讲故事，一个故事，两个故事……玉儿妈要讲五六个故事才能哄玉儿入睡。玉儿睡着了的时候，往往都已经十一点钟了，玉儿妈又想利用业余时间充充电，不知不觉就熬到了十二点。

而早晨的起床更是一场没有硝烟的战争。玉儿睡得非常实，闹钟都吵不醒。眼瞅着再不起床就迟到了，玉儿才睁开睡意惺松的双眼，慢吞吞地穿衣洗漱。玉儿的早餐都是在上学路上吃的，即便如此，迟到也成了玉儿的家常便饭。

玉儿的这种情况属于“非典型”状况，许多这个年龄段的孩子都出现过。原因是多方面的：夏天天气炎热不想早睡，学校布置的家庭作业多，业余要学琴、绘画等，看喜欢的电视剧不想睡，冬天天气冷不想起床，在学校里发生了不愉快的事不想起床上学，等等。

但不管是哪方面的因素，晚上不睡觉，早上不起床这样的作息习惯显然既不利于孩子的身体成长，也会给孩子白天在学校的学习生活带来一定的不良影响。父母其实可以试试这样一些小方法来对付晚上不睡，早晨赖床的淘气包们。

父母假装睡觉，孩子就会乖乖睡觉

每天晚上到了固定的睡觉时间点，父母也要停下手头的事情，和孩子一样准时去睡觉。

对于刚从幼儿园过度到一年级的孩子们来说，多数还保留着睡前听故事的习惯。父母可以给他们讲两三个故事，时间控制在十五分钟。然后父母假装已经非常瞌睡了，必须马上睡觉去。此时，孩子看到父母瞌睡的样子，自己也会受到这种瞌睡“氛围”的感染，真的瞌睡了。

对于二三年级的孩子们来说，睡前故事显然已经成为过去式。他们更愿意在睡前自己读一些故事书，或者做一些小手工之类的再正式入睡，甚至有的孩子睡觉前仍在写作业。在这种情况下，父母仍旧要在固定的时间假装已经非常困倦了，并关掉家中大大小小的灯，停止大家手头所有的事情。孩子发现周围一片静寂，唯有自己卧室还灯火通明，过不了多久也会受到这种氛围的影响，开始乖乖入睡。

对于早晨不想起床的孩子，父母可以要点小花招

1. 拉开窗帘，请阳光进来唤醒他

当卧室光线比较黯淡时，孩子处于一种比较舒服的睡眠环境中，即使到了起床时间，孩子也会赖床。倘若拉开窗帘，让阳光填满卧室，再打开窗户，清新的空气迎面扑来。在这样的环境下，孩子会睡意全无，恨不得早早起床感受清晨的阳光，呼吸新鲜的空气。

2. 放些轻松欢快的音乐

父母可以在孩子已经醒了但还不愿意起床的情况下，放一些轻松欢快的音乐。儿歌就是不错的选择，但要注意音量应尽量小一些。这些轻快的音乐能促进大脑血液循环，使孩子睡意全无，很快就能乖乖起床。

3. 父母偶尔要点“小诡计”和赖床小孩斗智

如果在改变了一些外在环境的情况下，孩子仍旧不愿意起床，此时不妨要点“小诡计”。

比如，“你闻闻这味道，猜猜妈妈今天做的早点是什么？是你爱吃的鸡蛋火腿炒饭哦！晚一步可就被爸爸抢吃完了！”“外面的抽屉里有你的一个快递，想不想知道是什么东东？那就起床去看看吧！”诸如这样的小诡计，父母只要多动动脑筋，就能想出很多来。

当着孩子的面与人闲聊时，故意夸赞他的好习惯

如果这段时间，孩子晚上按时睡觉，早上不赖床，那么父母可以故意当着孩子的面，与人闲聊时夸夸他有自觉性，生活很规律。注意说的时候不

要太刻意，就是拉家常的感觉。在一旁的孩子“无意”中听到这样的夸赞，一般也会更加自觉坚持这一好习惯的。

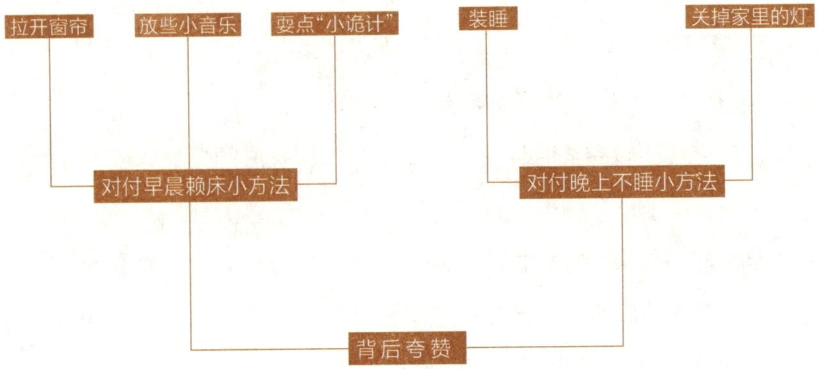

孩子迷恋电视，转移其注意力

☺ 对付小小电视迷，不如用大书架来代替电视墙

☺ 用涂鸦墙来吸引孩子的注意力，使他们不再关注电视

一向中规中矩的老师朋友做了一件比较出格的事情，强行将某位学生家的电视搬到了自己家，竟然是足足用了 30 分钟徒步搬运！别误会，他心理很健康，只是有点小情绪罢了。事情是这样的：

这位老师几乎具备好老师的所有特质，他发现班里一个小女孩每天上课都打瞌睡，眼睛有点肿，并且这个小女孩已经很长时间没有交过家庭作业了。他就开始和这个小女孩的妈妈交流这件事情。小女孩的妈妈自然是知道原因的，她告诉这位老师："孩子的爸爸常年在国外，自己一个人照顾家里的两个小孩，实在分身无术，更无暇顾及他们是不是在看电视了。这位老师听了非常生气，他斥责女孩的妈妈："让孩子关掉电视，按时完成家庭作业是你的责任和义务，你不能这么不负责任！" 说完，他匆匆告辞。

一段时间后，小女孩照样不交作业，上课照样打瞌睡。老师再次和她的妈妈交谈，这次是苦口婆心地同她说明痴迷电视对学习的严重影响。小女孩的妈妈照样满口答应，可是小女孩的这种状况却持续了很长一段时间。

这位认真、负责又热情的老师，终于忍无可忍，索性搬走了她家的电视机。我知道这位老师朋友的事情后，笑他太认真，但又不够变通。他表示赞同并问道："如果是你，如何对付小小电视迷？"我慢条斯理地给他支招。

对付小小电视迷，不如用大书架来代替电视墙

我曾认识一位妈妈，在他们家还没买新房时，客厅中正对沙发的是一个大书架，而电视则被挤进了一个小角落里。一家人闲来无事坐在沙发上休息的时候，第一眼看到的就是书架。那时候读书几乎成了一家人每天的必修课。可自从搬进新家后，一家人就不喜欢读书了，都变成了电视迷。大人们因为每天看电视，工作受到了影响；孩子们因为每天看电视，学习时不那么专注了，眼睛视力也明显下降。思索再三，全家人决定改变现状。但是谁都无法抵制电视所带来的吸引力。这可如何是好？这位妈妈发现如今的客厅显眼的就是那一堵漂亮的电视墙，而沙发就在电视墙对面，坐在沙发上第一眼看到的就是电视墙。她突然有了主意。和全家人商量后，他们改变了客厅的布局，用大书架代替了电视墙，上面整齐地排满好看的书籍。而电视则被放在不起眼的角落。很快，全家人又成了爱阅读的人。

这位老师听我这么一说，"嗯嗯"点头，"我如果将她家的书架来代替电视墙，看上去就不会那么蠢了吧！"他自嘲一番。随后，他又问了这样一个问题："这种方法不是普遍适用的，而且这搬来搬去太费力气了，有没有更简单的方法？""当然有。"我又告诉他一种实用性很强的方法。

用涂鸦墙来吸引孩子的注意力，使他们不再关注电视

孩子多是喜欢绘画的，父母可以将家中的某面墙空出来，专门作为孩子的涂鸦墙。有些孩子喜欢一边看电视一边写作业。对于这样的情况，妈妈不妨将孩子的涂鸦墙设置在远离客厅的地方。可以是书房，也可以是阳台一角。这样，孩子不愿意写作业的时候，就不会是盯着电视，而是在书房或阳台的涂鸦墙上涂涂画画。一旦孩子的注意力被转移了，电视也就会渐渐淡出他的生活。

除了以上两种方法，父母还可以尝试制定“无电视日”。将一周的某一天或某两天设定为“无电视日”，在这样的日子里，远离电视，做一些孩子感兴趣的事情，诸如短途旅行、工艺小制作等。孩子的生活变充实了，不那么无聊了，也就不会用看电视来消磨时间了。

“无电视日”日程表

孩子喜欢欺负人，要改变孩子先改变自己

☺ 用积极的暂停来代替用争吵和暴力解决问题的方式

☺ 改变棍棒式的教养方式，这样的话不要和孩子说

☺ 如果无意中责骂了孩子，请这样去弥补

曾听闻一则这样的报道，大意如下：

在一所市区学校，班里20多名孩子的父母联名为孩子请假。班主任收到这联名请假条后，急得满头是汗。她给每位父母打电话，可是父母们似乎早就商量好了，拒绝将孩子送往学校。而他们的理由也是非常一致的，即班里的“小霸王”经常欺负这些孩子。惹不起自然躲得起，于是父母与孩子们便开始了这种抗议。结局如果猜得没错，这个“小霸王”应该会被学校劝转校。

这样的“小霸王”也许算是特例。如今几乎每个学校都会有一些喜欢惹是生非、欺负同学的孩子。他们虽然比不上那则新闻里的“小霸王”，但是这种喜欢欺负人的行为本身就是有问题的。

我曾接触过一个一年级的小男孩，他在幼儿园的时候就已经是“爱打人的孩子”。那时候，他的妈妈没少跟人家赔礼道歉，他的爸爸为了纠正他的“性格”，经常打他。结果这“性格”并没变平和，上了小学，这个小男孩照样喜欢惹是生非，他的妈妈更是成了老师办公室的常客。当她向我咨询如何纠正孩子“坏性格”的时候，我先纠正她一点，喜欢在学校里惹是生非、欺负同学不是性格问题，而是行为问题。我问她：“孩子的爸爸是不是有点暴力倾向，比如脾气大的时候会摔东西？你们是不是经常吵架？在教育孩子时是不是喜欢用拳头解决问题？”她有点诧异：“你怎么知道？”

其实每个行为不良的孩子的背后，几乎都有着脾气暴躁、崇尚“棍棒”教育的父母。这样的父母甚至自身也习惯用暴力解决问题的。孩子并非天生就有坏的行为，他之所以喜欢欺负人，是因为他看到家里有人用暴力的手段来解决冲突，是因为他长期生活在一种充斥着批评的环境中。孩子自然而然地将这种原生态的解决问题的方法带到了自己的学校生活中。他自然而然地认为，如果想让别人按照自己的想法来行事，诉诸武力是一种不错的方式。

用积极的暂停来代替用争吵和暴力解决问题的方式

父母想让孩子改变惹是生非，欺负同学的不良行为，首先要从自己做起。一要改变自己处理事情的方式，二要改变教育孩子的方式。具体来说，父母可在平时有意地纠正自己用吵架或暴力方式来解决问题的思维模式。每当想吵架或发火的时候，就去一个能让自己冷静下来的地方待一会儿，等心情平静下来后，大家再好好商量更好的解决问题的方式。

我们就拿某一件家庭琐事来说。某天孩子的爸爸醉酒回家，孩子的妈妈看到他的这种样子就来脾气，早就提醒过要少喝酒，但每次都不听。在这种情况下，如果俩人互不相让，很容易就吵起来，甚至动用暴力。但是如果各自去属于自己的冷静空间里冷静一会儿再出来后，彼此就会想到新的解决方法：下次喝酒前可以机智推脱掉。

父母在处理问题的时候，是采取暴力措施还是采取一种积极的温和的解决方式，这会影响到孩子的思维习惯。当孩子看到父母面对一些问题时，采取的是一种温和的解决方式时，他也会将这种好的解决问题的方式带入自己的学习生活中，不良行为自然就减少了。

改变棍棒式的教养方式，这样的话不要和孩子说

父母批评孩子或者打孩子，本意是好的，希望孩子改变不良行为，变得更好。可是这种棍棒式教育方式会使孩子更加自卑，对自身形成一种负面的认知，甚至也学会用暴力来解决问题。如果父母不想培养一个惹是生非的“小霸王”，就必须将棍棒式教养方式转变为一种积极的温和的教养方式。

父母要尽量减少批评孩子的次数。在想批评孩子的时候，请思考这样三个问题：为什么要批评？自己将要进行的批评是不是无意义的？有没有更好的代替批评的方法？父母在脱口说出批评孩子的话语之前，请想一想有没有更好的积极的话语来代替它。

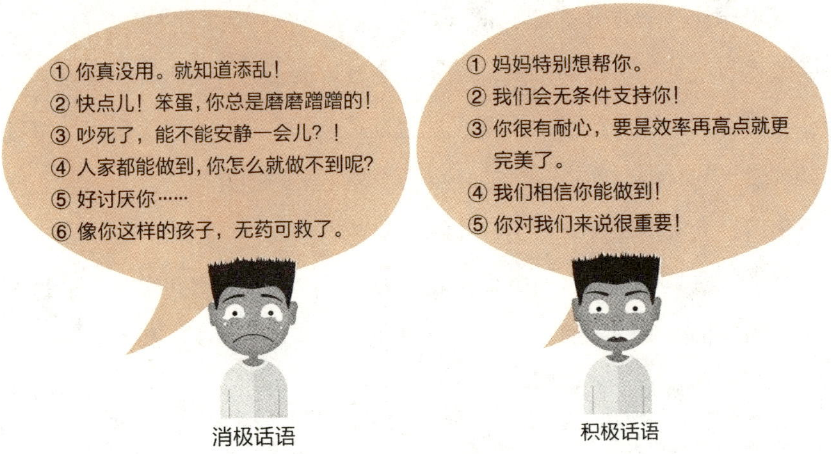

如果无意中责骂了孩子，请这样去弥补

虽然父母也都知道责骂孩子是一种糟糕的教养方式，但有时候还是会忍不住。而父母的斥责常常会使孩子在情绪上处于一种消极状态。如果无意中责骂了孩子，父母应如何去弥补呢？一旦发现对孩子说了过分的话，就要尽快向孩子道歉，让孩子明白。比如，“对不起，刚才爸爸实在太生气了，虽然说的话很伤人，但不是爸爸的本意。爸爸其实很喜欢你的，你要明白。”

孩子爱撒谎，要帮助孩子找出原因

☺ 父母不说谎，没有虚荣心，孩子的谎言就失去了沃土

☺ 不要强化孩子的说谎行为，而应消除孩子说谎时的压力

☺ 放弃严厉与批评式教育，给孩子创造自由宽松的家庭环境

天天的存钱罐突然不翼而飞。这事情来得有点突然。要知道他的存钱罐不仅仅有几百块零钱，还有一个金币、一只小巧玲珑的小金猪。早晨的时候，存钱罐还好好地躺在书柜旁，仅仅八个小时的时间，突然就人间蒸发了。

谁干的？今天是周末第一天，又刚好是天天生日，家里的小朋友相当多，还有六七个是第一次来家中做客。平日里，大家都喜欢一起玩耍，谈天说地，当然也互相知道谁有了什么好玩意儿，看谁都不像是“小偷”。想找到存钱罐，无异于大海捞针。

天天使用排除法来逐一锁定“有嫌疑的人”。“赵鹏飞不可能，他家那么有钱，不至于。”“蜜桃就更不可能了，那可是我亲表妹。她有和我一模

一样的小金猪和金币。”“桐桐也不可能，他第一次来我们家，我的存钱罐不起眼，他估计都不知道那是存钱罐”……来了一遍大排查后，他锁定了两个人：一个是偷过家里钱的乐乐，另一个是家里很缺钱的特特。对于他的这种推理，我并不觉得特别有道理。我建议他可以先询问一下几位平日里无所不谈的朋友，说不定会发现什么线索。

果不其然，第二天周日，一帮孩子过来玩，天天在问彬彬时，这小家伙竟然说：“天天，你根本就不用想，肯定是特特。我见过他盯了存钱罐很久。”我发现彬彬在说话的时候，眼睛向左看，还不自觉地抹鼻子。天天听了他的话，就觉得自己怀疑特特是没错的，有点发怒。而此时彬彬的嘴角上扬。

我走到彬彬面前，悄悄同他说了几句话，他脸色大变。第二天，金币和小金猪神秘地顺利回家。我是从彬彬与平时不同的微表情看出他说谎的。而此事我打算帮他保密，不会告诉任何人，包括他的妈妈。

此后不久，彬彬的妈妈找我咨询关于彬彬频频说谎的问题。她说彬彬的谎话总是张口就来，自作主张涂改成绩单，逃课，故意瞒着大人欺负同学……而这些，她总是最后一个知道，因为他的谎言很好地掩盖了这些。她将彬彬的行为归结为品性差，还抱怨说自己怎么会生出这样的儿子。

其实孩子并不是天生喜欢说谎的，孩子这种说谎行为甚至与品性无关。一般来说，孩子喜欢说谎的原因大多包括这三种：模仿成人，虚荣心作怪，迫于外界的压力。

父母不说谎，没有虚荣心，孩子的谎言就失去了沃土

上面提到的迫使孩子说谎的三种因素中，前两种都是比较容易解决的。只要父母自己少说或不说谎话，孩子失去了模仿的对象，说谎的情况自然就会减少甚至消失。而孩子因虚荣心说谎就更容易解决了，父母可以从自己做

起，拒绝虚荣。慢慢地，家庭环境里没有了虚荣的沃土，孩子的虚荣心就不会再滋长，孩子也就不会因为满足不了虚荣心而用谎话来掩饰。

不要强化孩子的说谎行为，而应消除孩子说谎时的压力

孩子说谎，多是迫于外界的压力。一般是害怕说出真相会受到父母的责罚，或者惹得父母不高兴。但是孩子在说谎的时候，自己内心的压力也是相当大的。一方面，谎言的确能使她暂时逃避责罚和批评；另一方面，谎言本身也使得孩子的自尊心和自信心越来越脆弱，孩子并不会因为说谎而欣赏自己，相反，他开始越来越瞧不起自己。

对于说谎的孩子，父母在识破其谎言后，切莫对他进行斥责和批评，这样的强化行为只会使孩子产生“破罐子破摔”的心态，进而将说谎演变为一种习惯。父母应该站在孩子的立场上，消除他说谎时的压力感，帮他解决难以面对的问题。就拿彬彬小朋友涂改成绩单来说：

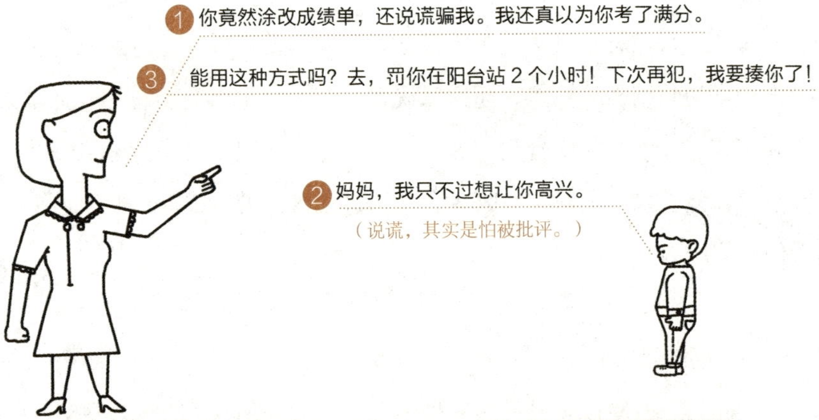

错误教育的结果：彬彬的自尊感就这样被轻易撕碎，他感到无地自容。他在思考，下次说谎要更高明些了。

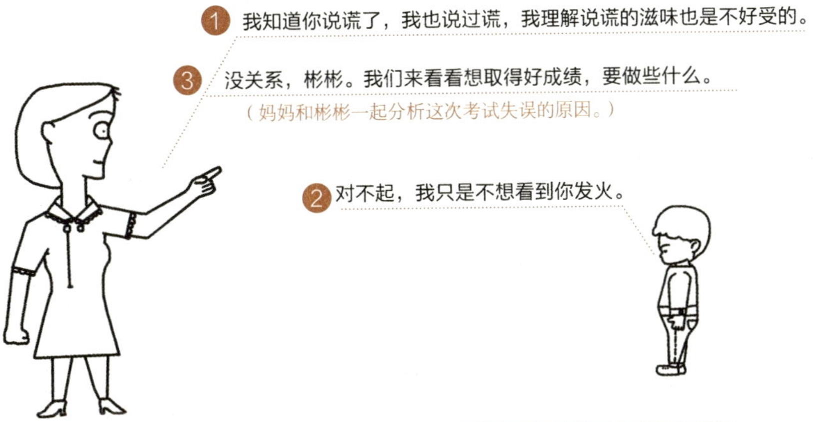

正确教育的结果：彬彬发现妈妈并没有因为他考不好而发火，他原本的担心消除了。他下次也不用说谎，而应该想想接下来该如何考好成绩。

放弃严厉与批评式教育，给孩子创造自由宽松的家庭环境

如果父母在教育方式上过于严厉苛刻，孩子稍微犯点错就开始横眉冷对，批评指责，甚至动手打骂。在这样的情况下，孩子的情绪就会处于紧张的状态，为了逃避这样的结果，也为了维护自己的面子，孩子就会不自觉地说谎。

教育的方式有很多种，严厉的批评和惩罚是一种糟糕的方式。孩子犯了错，本身已经很不好受了，父母如果能经常为孩子创造一种自由宽松的环境，多多站在孩子的角度感同身受，则往往更能让孩子记住教训，认识到错误。父母不妨为犯错或说谎的孩子们提供一些比较实用的“解决方法”，这样孩子就能避免下次犯同样的错误。

孩子总挑食，父母的引导很重要

想让孩子不再挑食，父母首先要做个好好吃饭的大人

- ☺ 让孩子当父母的小帮手，亲自制作自己喜欢的饭菜
- ☺ 父母在做饭的时候，要多花点心思，经常做出一些新花样
- ☺ 对于“爱零食胜过正餐”的孩子，父母这样说能让他从此远离零食
- ☺ “粗茶淡饭，蔬菜相伴”胜过天天大鱼大肉

民间历来有“到了三月三，荠菜当灵丹”的说法。阴历二月中，荠菜就冒出了头。我和天天选了一个风和日丽的上午，带着小刀和布袋，去郊外的田间地头挖荠菜。先是用小刀轻轻挖出一点根，然后一手捉住整棵荠菜，连根拔起。差不多一个小时的时间，我们就挖了足足一袋子。回家后择菜洗菜，然后是烫洗好，剁碎，与猪肉和蘑菇一同做馅料，包饺子。整个过程都是“小厨师”同我一起完成。待热腾腾的饺子出锅后，“小厨师”吃了 20 个。

吃完擦擦小嘴，揉揉肚子，心满意足地玩去了。

天天有个好胃口，吃嘛嘛香，从不偏食和挑食。他也喜欢参与制作美食，小小年纪，就会自己制作一些食物，诸如蛋挞、大饼、沙拉等，所以在吃饭方面从没让我费过心思。也是因为胃口好，所以他个头高，体质好，精力充沛，很少生病，偶尔风寒感冒一次，喝点红糖姜汤，睡一觉就好。

周围的很多妈妈都向我讨教让孩子喜欢吃饭的小偏方。我确实也知道，很多孩子即便上了小学，在吃饭方面也没有一个好胃口，更没有好的饮食习惯。他们中有的是偏爱零食，正餐吃得极少；有的是挑三拣四，这不吃那不吃；还有的甚至像个小宝宝那样，必须父母追着喂饭才能好好吃。

很多孩子之所以上了小学还没有一个好的饮食习惯，无非这几种原因：父母做的饭菜确实不合胃口；父母催促吃饭的做法实在是非常烦人；平时运动量少，胃口不佳。其实，父母只要变些花样，讲究一些策略，就能让孩子胃口大开，不再挑来拣去。这里有些小小的建议，父母们不妨一试。

孩子们的口味多和父母的口味相似。如果父母偏爱吃甜食，孩子一般也比较喜欢吃甜食。如果父母偏爱肉食，讨厌素食，那么孩子一般也会看到绿叶蔬菜如临大敌。父母想让孩子养成不挑食的习惯，那么自己首先要成为一个不挑食的大人。父母的饮食习惯会在潜移默化中影响到孩子的饮食习惯，孩子看到父母都不挑食了，慢慢地也会养成不偏食、不挑食的好习惯。

让孩子当父母的小帮手，亲自制作自己喜欢的饭菜

在孩子作业不忙的时候或者周末时间，父母可以和孩子一起做饭。孩子们一般都喜欢自己制作的饭菜，不管口味如何，他们都觉得特别有趣，特别美味。孩子参与的多了，胃口也就不再那么挑剔。在孩子参与做饭之前，父母可以教给孩子一些做饭的技巧，厨房厨具的使用方法以及一些安全常识。

这样孩子在做饭的时候就不会手忙脚乱，也不会出现一些不必要的岔子。

父母在做饭的时候，要多花点心思，经常做出一些新花样

父母在做饭的时候，倘若做出来的饭菜经常千篇一律，孩子每天面对的菜式单一，自然也就提不起“大吃”的兴趣来。孩子们都喜欢新奇的事物，吃饭也不例外。如果父母在做饭的时候多点创意，孩子看到“好看”的饭菜时，自然就有了胃口。那么，父母如何做饭算是变着花样有创意的呢？举个简单的例子：父母在烙饼的时候，不要单纯地烙面饼，而是在面饼中加入一些蔬菜，如胡萝卜末、葱花、青菜末等，这样烙出来的饼不仅好看，而且营养和口味也较单纯的面饼要好，孩子也就更愿意吃。

对于“爱零食胜过正餐”的孩子，父母这样说能让他从此远离零食

有些孩子的胃口似乎被零食“侵占”了，吃正餐的时候不好好吃，可吃起零食来却是津津有味。这也是很多父母会遇到的比较头疼的问题。关于这点，父母们常常会给孩子制定出一些规矩来，但很难有好的效果。有句古

话说“将欲取之，必先予之”，对于爱吃零食的孩子也可以用这个小招数。他爱吃什么零食，干脆给他买很多，让他一次性吃个够。一般来说，就是再爱吃的零食，如果连着吃也会吃烦，甚至会对这种零食产生厌恶情绪。这样一来，过不了多久，孩子就会主动放弃这种“爱吃”的零食，转而喜欢上很家常的正餐。

“粗茶淡饭，蔬菜相伴”胜过天天大鱼大肉

有些父母总是担心孩子营养跟不上，每天的饭菜中都是“大鱼大肉”占主旋律。这样的饮食结构是非常不合理的，极容易使孩子成为小胖墩，或出现性早熟征兆。“粗茶淡饭，蔬菜相伴”胜过每天大鱼大肉。平时多给孩子吃一些蔬菜、水果和粗粮，既均衡了营养，又有利于孩子的健康成长。不过，粗茶淡饭也不能做得马马虎虎，还是要多多考虑到孩子的口味。比如，可以试试将蔬菜和水果混合制成水果沙拉，把麦片加入牛奶中煮着吃，将玉米加点糖煮熟吃，等等。

孩子爱顶嘴，耐心倾听做好沟通

☺ “直升机”父母要反省教育方式，溺爱过度还是控制过度

☺ 父母在想说出“不”的时候，请先冷静一下，听听孩子的想法

☺ 用有限制的选择问句来与顶嘴的孩子达成合作

经常有一些父母向我咨询这样的问题：“我的孩子不听话，动不动就顶嘴。我该如何帮他改正顶嘴的坏毛病？”每当这个时候，我都会同他们说：“那是因为你太不了解孩子了，不懂得如何与孩子合作。”此话怎讲？

当父母试图将自己的想法以命令或批评的方式强加给孩子时，孩子的第一个反应就是顶嘴，不服从管教。这其实是孩子健康成长的标志，他在试图向父母传达这样一些信号：“我长大了”“爸爸妈妈你们自己要以身作则”“我是正确的”“你们需要关注我”“我不喜欢现在的相处方式”。

我印象比较深刻的是一个爱顶嘴的九岁小女孩。她妈妈带她来咨询的时候，她的眼睛里满是愤怒，她妈妈几乎每说几句话，她都要使劲儿顶嘴驳回。

后来，她妈妈实在气不过，便没完没了地批评她。小女孩也不甘示弱，顶嘴无法占上风的时候，竟然开始拳脚相加。我不得不将她们请到不同的角落。

我给女孩一些小女孩儿们爱玩的芭比娃娃小制作，请她为我出个主意，说说自己的想法。我这样同她说："小姑娘，你的发夹颜色可真漂亮啊。阿姨想请你帮个忙，我的芭比娃娃配个什么样的发夹好看？我很想听听你的想法。"我请她妈妈在一个种着很多多肉植物的小书房看看杂志，休息一下。说白了，我想让他们彼此在"冷静角"冷静一下。

小女孩先从"冷静角"出来，她给我提供了一些改良这个芭比娃娃小制作的方法。她妈妈看到我们交谈非常顺畅，眼睛睁得大大的。我见时机刚好，就告诉她妈妈一些和顶嘴孩子合作的有效小方法。

"直升机"父母要反省教育方式，溺爱过度还是控制过度

教育界有一种说法叫作"直升机父母"。所谓"直升机父母"，也就是形容一些父母跟直升飞机似的，整天盘旋在孩子头顶，时时刻刻都要监控孩子。要么是对孩子溺爱保护过度，要么是对孩子控制多度。这两种情况都压抑了孩子的成长需求，孩子的顶嘴也不过是给直升机父母发送的一种反抗信号。父母必须意识到自己的教育方式出错了，并积极改善。这是与顶嘴孩子达成合作的第一步。

父母在想说出"不"的时候，请先冷静一下，听听孩子的想法

面对孩子的顶嘴现象，父母通常的做法是直接给予否决或者采用质问的语气同孩子交谈。就拿孩子想买一个机器人玩具来说，如果家里已经有了同类玩具，父母通常会说"不行，你不是有一个和这差不多的机器人吗？没必要再买吧。""没有这个，难道就没朋友和你一起玩耍吗？"……否定和质疑

的对话方式会很让孩子恼火，进而使得顶嘴升级。

此时，父母最好的对话方式是先听听孩子的想法，然后再和孩子一起考虑如何解决这件事情。我们还是拿买机器人玩具来说，当孩子提出要买时，父母可以问他："这个机器人貌似家里也有类似的，我想听听你非要买不可的理由。"此时，孩子自然也会说出自己的想法。父母接下去可以和他一起分析这种想法是否要马上实现。相信经过一番分析，孩子也会准确判断出是不是要买，而不是顶嘴吵闹。

用有限制的选择问句来与顶嘴的孩子达成合作

父母用命令的语气同孩子说话时，孩子就会用顶嘴来反驳这种对话方式。要想与爱顶嘴的孩子达成一致，父母要多学着用有选择的问句同孩子交流。比如，"你愿意让我帮你穿衣服，还是自己穿？""你愿意明天在家里画画，还是现在立即就画完，明天出去玩？"在这样的问句格式中，孩子通常会选择第二种。父母再用这种对话方式和孩子交谈时，一定要将正确的选择放在第二个问句上。

- 当孩子赖床时：
  你愿意让我帮你穿衣服，还是____________？
- 当孩子跌倒时：
  你愿意________，
  还是__________？

- 当孩子看电视超过规定时间时：
  你愿意________，
  还是__________？
- 当孩子迟迟不睡时：
  你愿意________，
  还是__________？

- 当孩子不写作业时：
  你愿意________，
  还是__________？
- 当孩子不好好地吃饭时：
  你愿意________，
  还是__________？

Part 3
孩子的习惯有问题，父母应该怎样做

讲好了要做个小绅士，洗漱穿衣都干净，可孩子就是偷懒耍滑；说好了出去就买一件东西，可孩子的购物车里总是满满的；带孩子出门，可他总是拿出“哭闹撒手锏”来威胁父母答应条件；孩子一点儿都没有眼力劲儿，捣乱、丢三落四还马马虎虎。

想和这样的孩子定规矩，并让他积极主动去遵守，那不妨试着这样做：定规矩的时候要采取和善而坚定的态度，并且要和孩子有眼神交流，一定要让孩子重复一遍规矩。为了帮孩子遵守规矩，可以借用积分兑换制等。

孩子不爱干净，制定洗漱规矩

☺ 父母的态度要和善而坚定，并且要和孩了有眼神交流

☺ 说出规矩时，你的语气和态度要符合你的眼神所传达的消息

☺ 提出规矩后，让孩子复述一遍规矩的具体内容

☺ 当孩子按照规矩行事后，要及时给予赞美

如今，天天的小绅士形象可谓有目共睹。每次和天天一起出门，他总能收集一大筐这样的赞美之词："瞧瞧人家这孩子，收拾得干净利索，很有范!""人家的孩子真是帅气！"……这样的赞美听久了，天天觉得稀疏平常。

他自然不是天生爱干净的孩子，甚至在上一年级时，相当长的一段时间里，天天都是名副其实的"小花猫"。尤其是前年冬天，天天讨厌洗脸，每天早晨和晚上临睡前的洗漱时间，都是一场斗智斗勇的小战争。天天为了逃避洗脸、刷牙和洗澡，想了很多鬼点子。

天天的爸爸非常纳闷：孩子是怎么了？上幼儿园的时候还每天主动洗

漱，非常爱干净，怎么上了小学突然就成了野小子？我是知道的，孩子们在某些行为上，确实会出现一些反复。于是我们就给他定了一些规矩，诸如：每周只有天天洗漱，周末才可以来一场小小的旅行；坚持洗漱五天，能得到一次自助烤肉餐。天天一向喜欢短途旅行，又爱吃烤肉。可是为了维护自己的“小花猫”形象，他宁可不得到这些奖励。

我和天天的爸爸仔细思索后，开始意识到大人在定规矩上太过于直接，太死板，且多是命令的口气。对于已经将自己看作“小大人”的天天来说，又怎么会顺从这样的规矩呢？我们在参阅了一些国际权威育儿专家的方法后，改变了定规矩的模式。没想到在很短的时间里，“小花猫”就摇身一变，成了不折不扣的、干干净净的小绅士。这里就将我们制定洗漱规矩的详细方法分享给大家。

父母的态度要和善而坚定，并且要和孩子有眼神交流

在给孩子制定一项规矩的时候，最好是走到孩子面前，当着他的面，用和善且坚定的眼神看着他的眼睛。这算得上是一种心理战术。这样做的好处是，孩子能从你的眼神中感受到你的态度，知道你要说的规矩很重要，你很尊重他的态度，但是你制定规矩的决心也非常坚定。在这样的情况下，孩子比较容易听从父母提出来的规矩。

说出规矩时，你的语气和态度要符合你的眼神所传达的消息

当父母在和孩子说规矩的具体内容时，如果采取的是命令、嘲笑等负面口气，孩子就会产生一定的心理压力。对于叛逆的孩子来说，这样的规矩，他才不愿意执行。当然，还有一些奉行爱和自由理念的父母，在同孩子说规矩的时候，语气态度上过于“慈善”，甚至是哀求的语气，在这样的情况下，

孩子在心理上占了优势，所以根本不会把大人们制定的规矩放在心上。有时候他们会直接说“不”，拒绝得相当干脆；有时候他们也会同大人讨价还价，甚至发生争执。

提出规矩后，让孩子复述一遍规矩的具体内容

当你用一种坚定而和善的态度提完规矩后，让孩子复述一遍。这样做的结果是，孩子不但会记住这条规矩，而且会在接下来的时间里，执行这条规矩。就拿天天的事情来说。早晨起床后，他像从前那样坚决不洗脸，我走近他，用和善而坚定的眼神与他对视，他不自觉低了头，然后他再次看我时，我用一种坚决又比较和气的语气提出规矩：“天天，请你马上去洗脸、刷牙。”他噘着嘴，明显有点不满。我让他重复规矩，他复述了一遍，见我的语气和态度不容置疑，他虽然不满，但还是照做了。

当孩子按照规矩行事后，要及时给予赞美

孩子执行规矩之后，父母一定要及时给予称赞。这能激励他坚持执行规矩。还是拿天天的案例来说，他遵照规矩洗脸、刷牙后，我会微笑地赞美他："你洗漱蛮细心的，我注意到你洗脸的时候，很像电视剧里那个小小男主的动作，蛮酷的。来照照镜子，脸上没有污点，白白净净的，这下还真是有绅士风度！"

孩子爱撒泼，采用“契约法”

☺ 第一步：在孩子外出前，先提醒他正确的做法，初步制定规矩

☺ 第二步：快到达目的地之前，重复你制定的规矩

☺ 第三步：让孩子明确知道遵守规矩可以得到的奖赏

☺ 第四步：告诉孩子不遵守规矩会得到怎样的惩罚

☺ 第五步：要及时兑现奖励和惩罚

天天的学校里有个叫简简的小男孩，他是一年级新生，特别能撒泼。每天早晨，他妈妈送他上学的时候，在学校门口，他都会撒泼哭闹，怎么都不去学校。他妈妈拿他一点办法都没有，只能跟他谈条件“别闹了，我们这周去游乐园如何？”“今天放学后，我给你买你喜欢吃的关东煮，乖，快进教室吧！”……

目睹多次此类“谈判”后，我忍不住和简简妈妈聊起了如何对付简简的“哭闹撒手锏”。我并没有帮他分析简简为什么在校园外哭闹，为什么他一

定要用这种手段来威胁妈妈。对于这些，简简的妈妈是明白的。我直接告诉了她一些具体的方法。一周后，简简的行为有了极大的改善，他再也不是那个在校门口撒泼的、让人头疼的小男孩了。

一出门玩弄“哭闹撒手锏”，可谓是简简这类小孩比较常见又比较擅长的威胁父母的把戏。孩子们在超市里、商场里，甚至是去串亲戚的时候，经常会又哭又闹，做出一些显得非常不合规矩的举止。比如，当有的孩子在超市看中一样东西，但父母不愿意给他买时，就会干脆坐在地上撒泼，大哭大闹，父母在这种情况下会觉得很没面子，往往会满足孩子的无理取闹。再比如，有的孩子去了亲戚家，和亲戚家的孩子很快就能打闹成一片，有时候免不了发生一些小矛盾，这时候孩子们甚至会动用武力，当打不过对方的孩子时，就会大哭大闹。大人们也会觉得很尴尬。那么，如何对付这些出门爱撒泼的孩子们，减少他们的问题行为呢？父母们不妨施行这样五个步骤，这里我们结合简简的案例具体来说。

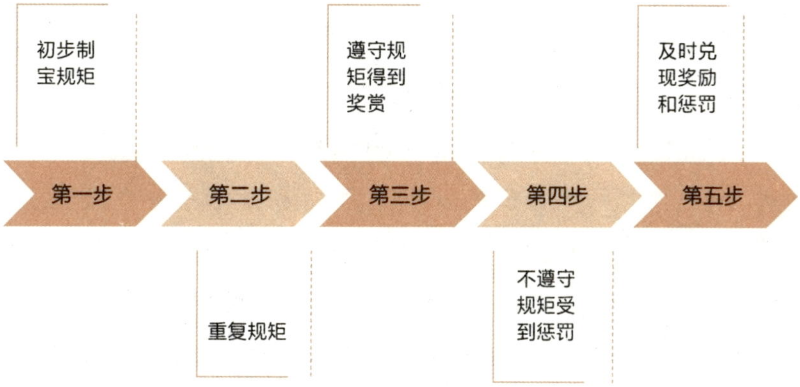

第一步：在孩子外出前，先提醒他正确的做法，初步制定规矩

父母在和孩子一起出门之前，要看着孩子的眼睛，告诉孩子你希望他外出后是什么样子。比如，简简的妈妈送简简上学之前就要提醒他上学不能哭闹。简简的妈妈要说出自己具体希望孩子成为什么样，可以这样说："简简，妈妈希望你到了学校门口，要跟其他孩子一样自觉从校门走到教室。"

第二步：快到达目的地之前，重复你制定的规矩

父母带孩子出门之后，路上有一段时间。这时候可以说一些轻松的话题，这可以为之后为孩子定规矩做好铺垫，使孩子更愿意和父母合作。在快到目的地的时候，父母就要收起之前的那些话题，看着孩子的眼神，将之前制定的规矩说一遍，并让孩子重复一遍。比如，简简的妈妈和简简到了学校门口后，看着简简的眼神，跟简简重复一遍规矩，要说出规矩的具体内容："从现在开始，自己主动从校门口走到教室。"然后请简简重复一遍规矩内容。

第三步：让孩子明确知道遵守规矩可以得到的奖赏

父母要告诉孩子遵守规矩会得到怎样的奖励。这一步需要注意，这种奖励应该是非物质的，我们可以实行积分制度，遵守规矩会获得多少积分，积分可以马上兑换，也可以积累。一般来说，小积分可兑换一些微小的事情，大积分可兑换更超值的事情。如果说 2 个积分可兑换"看十五分钟动画片"，那么如果积累二十个积分，可兑换的是"一次郊外烧烤"。

在我们上面的故事中，简简的妈妈在这一步骤时，可以这样说："简简，如果遵从规矩，你会得到 2 个积分。2 个积分可以兑换 10 分钟动画片。但如果你愿意的话，也可以每天都遵从规矩，累计积分可以得到更多你想要

的东西。比如 100 个积分可兑换一次迪斯尼儿童乐园之旅。”

第四步：告诉孩子不遵守规矩会得到怎样的惩罚

在孩子重复规矩并且也知道遵守规矩会得到怎样的奖励后，也要让孩子知道不遵守规矩会得到怎样的处罚。关于具体的处罚方式，可以是不但得不到积分，还要扣掉一定的积分，延迟满足某种愿望的期限等。在简简这个案例中，简简的妈妈可以告诉简简：“如果不遵从规矩，那么每次就要扣掉 2 个积分，那就相当于每天写完作业后不可以再看 10 分钟动画片。当然如果屡次违反规矩，迪斯尼乐园之旅肯定也是会取消的。”

第五步：要及时兑现奖励和惩罚措施

孩子一旦遵从规矩做了，那么父母就要及时兑现孩子的积分奖励。如果孩子想累计积分，等积分达到一定程度后，父母也必须及时兑现同等积分的奖励。相反，如果孩子违反了规矩，那么父母就要及时扣除一定的积分。我们拿简简的案例来说，如果简简照规矩做了，那么妈妈的积分和奖励要及时兑现。如此，简简才更愿意将上学应遵循的规矩坚持到底。

孩子脏话不离口，启用请客制度

- ☺ 第一步：引导孩子换个角度看待说脏话和骂人的行为
- ☺ 第二步：告诉孩子一些可以替代脏话的语言表达方式，并常加练习
- ☺ 第三步：孩子爱骂人和说脏话，可以用请客制度来帮他纠正不良行为
- ☺ 第四步：在请客制度无效的情况下，可以试着这样做

乐迪的妈妈在跟我说乐迪的事情。她一直强调儿子乐迪叛逆心太重，凡事和她对着干之类的话。天天突然说："你们说话好烦，别打扰我！"从前家里来了客人，他很少这样没礼貌的。可是接下来的事情，他就更不可理喻了。

乐迪妈妈看他在玩一种复杂的变形机器人，就夸赞他是个聪明的孩子，玩耍学习两不误。他却很不识抬举，皱着眉头，竟然说："你是蠢猪吗？不知道我是在修理机器人吗？"

"天天，你不可以对阿姨这么不礼貌，你这样说话很伤人的！你想想，

如果妈妈和阿姨换换位置，别的小孩骂了妈妈，妈妈会不会很难过？”结果，天天甩门而去，搞得乐迪妈更尴尬，在寒暄了几句后，我们都知趣地转移了话题。

乐迪妈妈走后，我询问天天才知道，他是因为同情乐迪才这样说乐迪妈的。因为乐迪是他的好朋友，但乐迪的妈妈总不理解乐迪，动不动就朝乐迪发火，急了还会打乐迪。“但有话好好说，你可以跟阿姨说说乐迪的烦恼，骂人终归是不对的。”我和他讨论这个问题。他自然知道骂人不对，点头表示以后不说脏话。

可是这才只是个开始，接下去整整一周，我发现他经常骂人、说脏话。我开始和他定规矩：做个有礼貌的小绅士，骂人的话和脏话尽量不说。如果每周没有一次说脏话的现象，就奖励 5 个积分，可以请他去吃一次他喜欢的烤鸭；一旦有说脏话现象，就减去 5 个积分，他必须用零用钱请我吃烤鸭。几次之后，这小家伙因为心疼他的零花钱，就再不随便骂人了。

大家也可以试试这种方法来给孩子定规矩，让孩子自然而然告别说脏话、骂人的不良习惯。在具体操作的时候，可按照这样几个步骤来进行：

第一步：引导孩子换个角度看待说脏话和骂人的行为

有些父母一听到孩子说脏话就急了，赶紧斥责他并试图和他立规矩。但是在这样的情况下，孩子是很难遵守规矩的，产生抵触和逆反心理的概率几乎达到 80%。

对于骂人的孩子，父母可以用心平气和的态度和他聊一聊关于说脏话和骂人这件事，让孩子意识到这种行为是非常不礼貌的。另外，父母和孩子说话的时候也要讲究一定的技巧：一要感同身受，二要多听少说，三是趁机引导。我们举一个简单的对话场景：

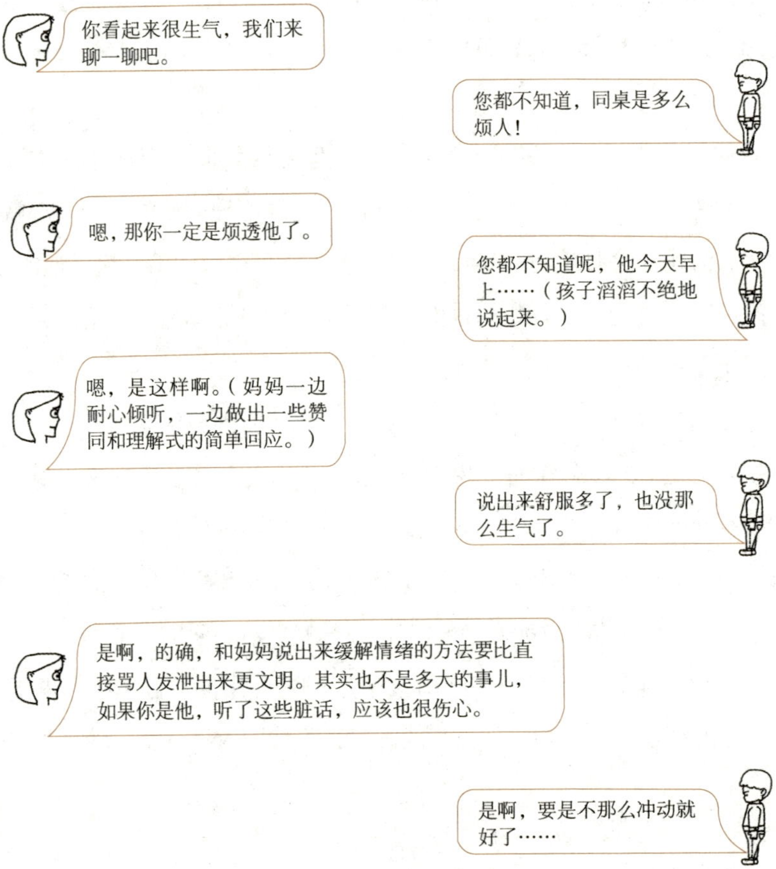

第二步：告诉孩子一些可以替代脏话的语言表达方式，并常加练习

对于小学初年级的孩子们来说，说脏话骂人只是他们情绪的一种发泄。让这个阶段的孩子控制好冲动这种情绪，显然也不是一蹴而就的。很多孩子明明知道这种行为不好，最好不要这样说话，但还是忍不住。在这种情况下，父母可以教给孩子一些可代替性的表达方式。比如，“你的……让我很伤

心。”“我很生气，因为你……”

当意识到脏话马上要跳出嘴巴时，不妨赶紧用一些口语来代替，诸如“晕”“天啊”“不是吧”等。

第三步：孩子爱骂人和说脏话，可以用请客制度来帮他纠正不良行为

当孩子已经明确骂人、说脏话的行为不对，也想积极纠正的时候，父母可以告诉他一条规矩，诸如我前面说的和天天一起制定的那条。可用请客制度来奖励他，也可用请客制度来惩罚他。如果孩子做到一星期不说脏话，那么不妨请他吃饭去；如果孩子根本做不到，不妨让他用零花钱来请大人们吃饭。几次之后，孩子想到零花钱问题，就会有所顾忌。反复几次或多次，孩子说脏话和骂人的行为就消失了。

第四步：在请客制度无效的情况下，可以试着这样做

当然，凡事总有例外，对于大部分孩子管用的方法，对于有些孩子可能就没作用。在这种情况下，可以采用积极的暂停法，即让因冲动说脏话的孩子去自己的房间待会儿，也可以故意不去理会这些脏话和骂人的话。这两种方法都会对孩子的行为起到一种淡化作用，久而久之，他自己都会觉得说脏话和骂人很无趣，不如不说的好。

孩子爱捣乱，四步可以“治愈”他

☺ 第一步：对于有这样行为的孩子，父母要理解他们的行为

☺ 第二步：定一项规矩，让孩子知道按照规矩执行的好处以及违反规矩的惩罚措施

☺ 第三步：遇到具体情境时，检验规矩的执行力

☺ 第四步：问题不是一次性能解决的，反复几次后才能见成效

那些年，外面大雪纷飞，屋里三五好友，围坐桌前，或谈古论今，或拉拉家常。这是我们几位老友冬天里的典型生活状态，还算得上惬意。不过这些年大家聚少离多，聚在一起时，谈论的话题除了孩子就是工作。

大家知道我一直对儿童教育比较有研究，也多是跟我探讨孩子的种种问题。其中有两个人提出了一个相同的问题：自家孩子太淘皮捣蛋，特别没有眼力见儿，往往是父母越忙，越是要趁机捣乱。其中一个更为离谱。这孩子小名叫乖豆豆，但名不副实。最近这个月，他升入小学了，妈妈为了早点接他放学，毅然决然地在家做起了兼职工作，每天都是忙里忙外的，电话一

个接一个。可这孩子一旦发现妈妈打电话，就凑过去扯着嗓子大喊，为此不少客户都觉得他的妈妈不够专业，撤消了单子。她说打也打了，骂也骂了，惩罚也惩罚了，甚至用了奖励的方法，但统统不适用。

孩子没有眼力见儿，总是有意无意打扰父母工作或谈话，这样的问题太普遍了。我曾经也帮过一些父母解决过类似的问题，只需要这样四个步骤，一般“治愈”率为 90%。具体来说是这样的：

第一步：对于有这样行为的孩子，父母要理解他们的行为

很多父母都认为孩子出现这些行为是故意的，也因此，一些父母会对这种行为非常恼火。对于这个年龄段的孩子来说，他看到父母愤怒了，自己也会觉得非常无辜，因而叛逆的情绪就更强烈。

父母要意识到这样一个问题：对于这个年龄段甚至更小一些的孩子来说，他可能并不是要故意捣乱的，而是习惯了缠着父母，寻找父母的关注。更有一些叛逆性比较强的小孩，他不停地打扰大人们，只不过想证明父母根本管不了他。

因此，父母要多站在孩子的角度想问题，在处理这件事之前，先理解了孩子，这样就能心平气和地同孩子制定规矩了。

第二步：定一项规矩，让孩子知道按照规矩执行的好处以及违反规矩的惩罚措施

暂时放下手头的事情，让对方稍等。用坚定而和善的目光看着孩子的眼睛，具体而明确地说出你的规矩：“在妈妈工作或打电话的时候，不要打扰妈妈。等我忙完，咱们再来聊聊你想让妈妈知道的事情。”父母说完之后，让孩子重复一遍这条规矩。然后父母可以告诉孩子，遵守这条规矩，可以得到哪些奖赏。对于小学生来说，这种奖励越具体，越容易兑现，就越是有吸

引力。他为了获得奖励，也就努力去遵守规矩。当然，仅仅有奖励还是不行的，有些孩子或许还是会越界。所以，父母在制定奖励的同时，也必须要制定出违背规矩的惩罚措施。这种惩罚的力度要与奖励的力度一致。

遵守规矩得到的奖励	违背规矩受到的惩罚
奖励 1 个积分	扣除 1 个积分
奖励一本喜欢的书	买一小盆多肉植物的计划推迟
可以去喜欢的餐厅吃大餐	周末露营计划取消
……	……

第三步：模拟具体情境，检验规矩的执行力

给孩子制定这样的规矩后，为了保证他对规矩的执行力度，可以事先进行模拟练习。这有点像我们考试之前的模拟考试。

父母可以在实施模拟情景之前，明确和孩子再重复一遍规矩内容，明确告诉孩子遵守规矩和违背规矩所得到的奖励和惩罚。然后父母可以请邻居朋友们故意给自己打电话或制造忙碌情景，让孩子按照规矩内容执行。

打断大家一下，为了帮孩子顺利执行规矩，父母们也可以分配给孩子一些小小的任务。比如可以这样做：

妈妈：“妈妈要忙了，你记住我们的规矩。这是我的手表，你帮我数数我打完这个电话需要多久。”

孩子：“好吧。我现在就开始数。我数到 500，您就能停下电话吧！”

当妈妈打完一通电话后，孩子也许会这样说：“妈妈，快打电话啊，您的时间还没用完呢！”

第四步：问题不是一次性能解决的，反复几次后才能见成效

小孩子们总是有些反复的。很多父母会发现，给孩子制定一些规矩后，他起初是愿意遵守的，可是后来就又会再犯同样的错误。在这种情况下，父母们要放平心态。所有的问题也不可能是一次性就能解决的，不妨重新回到第一步，然后逐步依次执行。

孩子总是丢三落四，采用“自然后果法”

☺ 立下规矩，让孩子品尝自然后果，学会为自己的行为埋单

☺ 父母们使用自然后果法时，需要注意的问题

小黑黑是典型的丢三落四的主儿，“症状”表现为：每天上课的时候都找不到课本；书桌上永远无法做到整洁；放学回家的时候，不是作业本、课本忘了带回来，就是忘了记下家庭作业；橡皮、尺子、本子不知道丢到了哪里……几乎每天都要重复这样的事情。

小黑黑的爸爸妈妈都是上班族，每天的工作已经非常繁忙，下班后，除了做饭、收拾家务，还要不断地为孩子的丢三落四埋单。经常出入于文具店和书店，铅笔、橡皮、尺子，买多少就能丢多少；练习册、课外辅导书也经常要买新的；甚至还从网上下载了几套电子版课本，以应急忘记带课本的情况。小黑黑的妈妈说，他们用了很多方法，总给小黑黑定规矩，可就是拿他没办法。

我向小黑黑的妈妈询问了一些小黑黑的具体情况后，发现这个丢三落四的小黑黑虽然在家中是个“小主儿”，对父母的依赖心非常强，但是他在学校里却是一个自尊心很强的家伙。老师批评了他，或同学嘲笑他懒惰、健忘等，他都会郁闷一把。对于这样的孩子，可以试试自然后果法来帮他完成一次蜕变。

自然后果法是 18 世纪著名教育家卢梭提出来的。其中心意思是：某些情况下，当孩子犯了错误后，父母不要直接进行干涉、制止或惩罚，要让事情自然而然地发展。最终孩子会意识到这种错误行为带来的后果是比较痛苦的，进而纠正自己的错误行为。

立下规矩，让孩子品尝自然后果，学会为自己的行为埋单

对于习惯了丢三落四且自尊心又比较强的孩子们，父母可以事先和老师沟通好，请老师配合做好自然后果教育法。我们还是拿小黑黑的事情来说。小黑黑的爸爸妈妈同小黑黑立下这样两条规矩：

习惯了丢三落四的小黑黑，自然不是那种能守规矩的孩子。早晨刚定下规矩，傍晚小黑黑放学后就说家庭作业中的语文课本忘记带回来了，而且还丢了一盒文具。小黑黑的妈妈忍住了“当一个勤快妈妈”的想法，让小黑黑复述了一遍规矩，然后就自顾自做饭去了。小黑黑咬咬牙拿出自己的零花钱下楼买玩具，这可是他积攒着想买小智能机器人儿的钱！然后他又自己从网上下载电子书，但第二天还是因为没能记全作业被老师批评了。他的自尊心很受伤，在以后的日子里，尽管还会有丢三落四的问题，但明显是越来越进步了。

父母们使用自然后果法时，需要注意的问题

父母使用自然后果法来纠正孩子的不良行为，这种处理方式的好处是：一方面，孩子不会觉得父母是在惩罚自己，因为这错误是他自己犯的，承担者也是自己，父母并没有参与其中；另一方面，自然后果法能让孩子从错误的后果中吸取教训，迅速修正行为。

但是自然后果法如同所有的方法一样，它既不是万能的，也不是适用于所有情况的。父母在用自然后果法给孩子定规矩时，需要注意三方面问题：

（1）想让自然后果法充分发挥它的教育功能，父母必须要狠下心来，学会放手，即便心疼孩子因犯错而承受不良后果，也要装出不在意的样子。

（2）爸爸妈妈有时候可以人为地制造一些自然后果，要明白，不是所有的自然后果都是自然而然的。

（3）自然后果法适用范围要搞清楚，如果是使用了自然后果法就会将孩子置于危险之中，那么就不要随意使用自然后果法。比如：天黑了孩子还不想回家，这种情况下如果用自然后果法，就是将孩子置于了危险之中；孩子用石头打同伴，我们当然也不能允许他们尝试这种自然后果，无论对人对己都是一种伤害。

孩子粗心马虎，培养其条理性是关键

☺ 每周至少和孩子一起整理一次房间

☺ 教孩子整理书包的步骤，学习变得有条理

☺ 书桌这样整理，学习才高效

天天吃完甜筒，跟我说起他的朋友赵鹏飞："他呀，虽然是班长，但也是我们班里的搞逗王。"说完，他便不自觉地咯咯笑起来。接着他说起了赵鹏飞的"事迹"。赵鹏飞粗心马虎到什么程度？在黑板上为自己画了一幅自画像，署名的时候写成了赵腾废。赵鹏飞的作文经常是一气呵成，速度惊人，但标题错别字也都能把人笑喷。诸如写他的"奶奶"的时候，竟然在个别地方写成了"奶牛"，消息不知道什么时候真的传到了他奶奶的耳朵里，老人家又气又笑，还笑出了泪。赵鹏飞为老人家擦泪，奶奶说："怎么这么臭？"一看，这哪里是手帕，而是奶奶的擦脚布……

好吧，承认赵鹏飞确实有点搞笑。其实何止是他，很多小学初年级的

孩子们都有过粗心大意的问题：每天都记不全家庭作业；写作业不按顺序做，经常丢题号；自己穿鞋经常穿反脚；上课时间都过去一半了才刚找到课本……

对于孩子的粗心马虎问题，父母们可谓招数百出。诸如准备个错题本，盯着他们写作业，让孩子反复检查作业，甚至为小马虎虫们制定了一条条规矩，可是效果并不明显，甚至还因方法不当而引起了孩子的抵触情绪。“治病要治本”，同样，要纠正孩子粗心大意的问题就要从根源处入手。粗心大意，说到底是由这个阶段的孩子们普遍缺乏条理性所致。因为头脑里对如何做一件事情并没有一个清晰的概念和计划，表现出来就是，在做很多事情的时候马马虎虎，杂乱无章。

要想使马虎虫们做事情井井有条，减少或纠正粗心大意的问题，可以试着从以下三方面来培养他的条理性。

每周至少和孩子一起整理一次房间

如果孩子的房间是乱糟糟的，满屋狼藉，地板上堆满了脏衣服、臭袜子、课外书，床上的被子也乱七八糟，书桌上更是零零散散的物件，甚至没有写作业的地方。孩子经常处于这样的环境里，是很难有条理性的，做起事情来就会思路不清晰，事倍功半。父母可以每周末和孩子一起整理一次他的卧室，然后在星期一至星期五这段时间则让他自己整理自己的房间。可以教给孩子这样的整理法：

（1）给卧室划区。大致分为学习区、休息区、娱乐区、收藏区等。

（2）整体性整理。房间里变质的零食、损坏了的玩具以及不属于孩子房间的东西统统请出去。清扫的时候，不放过任何角落。

（3）按照先后顺序分别整理学习区、休息区、娱乐区和收藏区。每个区只放属于本区的东西，而且要整洁并一目了然。

教孩子整理书包的步骤，学习变得有条理

在教给孩子如何整理书包的时候，开始时，父母要和孩子一起整理，一步步说清楚，大约一两周后就要鼓励孩子自己整理。整理书包可参照这样几步：

第一步：清零没用的东西，比如零食袋子、乱糟糟的废纸等。把学校里暂时不用的书本放入书架。

第二步：整理文具、水壶等物件。将铅笔、尺子、蜡笔等都整理收入文具盒，学生卡放入卡壳里，杯子放在书包外面专门的水杯袋里。

第三步：将书本进行分类，比如课本、课外书、课堂笔记、作业本、课外资料等。归类好后放入书包中不同的夹层里。

第四步：简略制作一张书包地图，上面标示出书目等具体位置，贴在文具盒中。以后整理或从书包里找东西时，就能大大提升效率了。

书桌这样整理，学习才高效

书桌的整理和书包的整理有些类似，如果孩子已经能够轻松整理书包了，那么整理书桌就自然不在话下。具体分为这样几步：

第一步：清理书桌表面。先将桌面的东西统统放一边，然后用擦桌布擦干净桌子，再将桌面上的东西进行归类整理。

第二步：整理书桌抽屉。对书桌抽屉里的东西进行分门别类，也可将书桌兜划分为几个区，诸如分为文具区、课本区、练习本区、练习册区等，然后分别将东西放入不同的区。

第三步：清扫书桌地面。在整理书桌的过程中，会有一些废纸团等垃圾掉在地上，整理完书桌后，将这些东西清理干净即可。

孩子沉迷游戏，采用“自编游戏法”

☺ 给孩子提供一种将游戏与学习完美结合的方法

☺ 对于沉迷游戏的孩子，给他提供有选择性和限制性的规矩

☺ 全家人在每周安排一天“无电子产品日”

这一阵子，天天的举止有点奇怪。以前写完作业后会有一个阅读时间，偶尔看看动画片。可最近他似乎并不热衷这些了，写完作业就开始玩起手机来。

我并没有太多干涉，因为我发现，他的确是用手机下载一些有价值的APP来学习的。比起时刻关注孩子的动态，我更愿意将更多的自由时间给他自己去支配。

可是这次的情况的确有点不妙。我发现，这些日子，赵鹏飞和心雨来找天天写作业的时候，总是会不自觉讨论“闯了多少关”“玩到几级了”之类的话题。他们甚至在写作业的休息时间里，大谈特谈如何更快闯关，晋升为

尊上。我给他们端上一些水果。他们吓了一跳。得，就冲这表情，就知道他们的小秘密了。

天天和心雨低着头，小脸蛋红红的，继续写作业。

赵鹏飞耸耸肩，狡辩道："阿姨，我们最近是在玩游戏，但这并没有影响我们的学习。"

我很清楚，在这种情况下，如果我批评他们，他们表面上可能会满口答应不再玩了，实际上会悄悄转移"阵地"。要知道小孩子们总是比大人更狡猾。

"你们不知道，阿姨小的时候就是个游戏迷呢！我们那时候玩的游戏和现在真人版很不同，不过好玩程度是一样一样的。"

他们听我这么一说，就来了兴致，想和我讨论一番游戏的"妙处"。我便抓住时机，在他们津津乐道种种游戏的玩法时，自然而然插话道："我这个过来人后来发现，这些别人编的游戏呢，终究不够有挑战性。不如自己编的游戏好玩！"

三个小鬼眼睛睁得圆圆的。"妈妈，我可是从来没听您说过呢！""阿姨，您会自己编游戏？""阿姨，快说说您都怎么编？"

我看他们对此颇有兴致，便杜撰了我的自编游戏玩法。后来发现这招对于沉迷游戏的孩子很管用。甚至还达到了将学与玩完美结合的效果。那这到底是一种怎样的方法呢？

给孩子提供一种将游戏与学习完美结合的方法

我给这三个孩子提供的新型游戏玩法是这样的：将课堂上的知识和游戏充分结合，闯每一关都必须要解决一些难题。而且游戏的过程如何闯关，每一关会发生什么样的事情，完全由自己来设计创造，这可比单纯地玩别人创造的游戏更有吸引力。

孩子们一听，来了兴致。接下来的一段时间，他们真的将学习内容和游戏相结合，自编了一些好玩的游戏，这些游戏还真的是“真人版”的，比电脑上更好玩。孩子们在玩的过程中，不知不觉也将学习的知识融会贯通，可谓一石二鸟。

当然，这种方法并不是万能的，对某些孩子来说再合适不过，但对于另一些孩子来说，可能并不是比较好的办法。莫急，这里还有几招，可供诸位父母选择。

对于沉迷游戏的孩子，给他提供有选择性和限制性的规矩

对于沉迷游戏的孩子，在教育方式上“堵不如疏”。父母不宜采取过于严厉的手段，倒是可以给孩子提供一些有限制的选择，逐渐减少孩子玩游戏的频率。

你可以给孩子制定这种带有选择性的规矩：“每天写完作业后，可以玩 20 分钟游戏。”“你每天可以有半个小时的屏幕时间，是看电视还是玩游戏，要自己分配。”制定出这样具有选择性的规矩后，让孩子重复具体规矩内容，再说出遵守规矩所能得到的积分和奖赏，不守规矩所应扣掉的积分和相应的处罚措施。

全家人在每周安排一天“无电子产品日”

父母可以将周末两天中的其中一天，安排为“无电子产品日”。在这一天中，不仅不允许孩子看电视、玩手机、玩游戏等，父母也不允许接触电子产品。在这样的日子里，全家人可以一起去郊游，一起做一些手工，一起阅读，一起逛街，等等。不久之后，全家人也都有一种全新的体验，在

这些没有电子产品的日子里，大家不仅过得很充实，而且彼此之间的关系也更加融洽。

无电子产品日

孩子缺少责任心，不妨让他做回“小管家”

☺ 想培养有责任心的孩子，父母首先要反省自己的教育方式

☺ 制定小规矩，帮孩子做好家里的“小管家”

一日，天天捡起森林里掉落的叶子，颇有耐心地在地上做了一个“精灵王国的小王子”，这王子做得相当别致，足足花了两个小时。不过，“王子”头上还差一顶漂亮的王冠。天天不肯再用地上的法国梧桐叶来将就，执意要去找来一些鲜红的枫叶才好。

我们走过一段崎岖的小土路后，看到临近河边就有一颗火红的枫树。天天太兴奋了，飞奔而去，却“啪”的一声被一块石头绊倒了。

“天天，很疼吧！”我扶他起来，安慰他道。像所有的妈妈一样，看到孩子摔倒跌破膝盖，我很紧张，更是心疼。但我不会大惊小怪，否则会吓到孩子。孩子受点皮肉之苦不算什么，但如果妈妈对此过于紧张，则会使他心生恐惧。天天的膝盖上磨了一层皮，他捡起石头扔进草丛，说：“这样别的

小朋友打这里路过时，就不会不小心绊倒了。”

这时候，旁边的两位老太太开始议论：“这孩子真皮实，她这个当妈的看孩子不细心，这都怎么当妈的啊！”另一个老太太则说：“如果是我孙子跌倒了，我会说‘孩子，诅咒这块石头，都是它害你跌倒的！’你看看这当妈的跟没事人儿似的。”

天天一直都是一个特别有责任心的孩子，自己的事情自己做，不喜欢总是依赖爸爸妈妈。而且他也相当有担当，犯了错误时，也从来都知道要自己去承担。他还特别能为别人着想。这些好的品格也使得很多孩子都愿意同他交往。我猜想那两个老太太教育出来的孙子，恐怕就是典型的“衣来伸手，饭来张口”，且缺乏责任心的“小王子”“小公主”了。

想培养有责任心的孩子，父母首先要反省自己的教育方式

父母在教育孩子的过程中，由于采取的教育方式不同，导致每个孩子的生活态度也不尽相同。

我们常常听到一些父母们抱怨孩子缺少责任心，缺少担当，依赖性强，其实孩子们又何尝天生就是如此，这些不好的品格只是表象，更深层的原因是父母的教育方式有所偏颇。

就拿那两个老太太来说，她们的语言向孩子传达的信息是“摔倒了怨妈妈”“摔倒了怨石头”，在这种教育方式下，孩子们会认为自己跌倒不是自己的错，而是“妈妈”和“石头”的错。试想有这样思维的孩子，责任感从何谈起？

想让孩子变得有责任感，有担当，有承受力，那么爸爸妈妈首先要做的就是要改变自己的教育方式。在教育孩子的时候，要站在一个客观真实的角度来叙述一件事，要让孩子自己去接受一些真相。

就拿被石头绊倒这件事来说，要让孩子明白“是自己没看到石头才会被石头绊倒的”，有了这种客观的认识之后，孩子才会意识到这是自己不小心造成的，下次只要多多注意一些就可以了。这样的方式，使孩子既有了责任感，也从中吸取了经验教训。

制定小规矩，帮孩子做好家里的“小管家”

一些儿童心理学家都提出过类似的观点：积极参与家务的孩子，在责任心上要明显优于其他孩子。而且由于这些孩子觉得自己对家庭的贡献比较大，进而也会更有自信心和价值感。我们可以为孩子提供一些家务活，让他当家里的“小管家”，以此来培养孩子的责任心和自立性。

可是话又说回来，让这个年龄段的孩子乖乖做家务也不是简单的事情。对于养尊处优惯了的孩子们来说，尤其艰难。这时候，父母不妨利用制定小规矩来帮他做好家务，成功胜任“小管家”一职。

第一步：先明确出规矩的内容。

让孩子清楚要想做好一个“小管家”，必须遵守哪些规矩。父母可以清晰地告诉孩子规矩的内容。然后再让他把内容重复说一遍，并承诺会按照规矩来做好这个“小管家”。规矩的具体内容可以是：

每天上学前收拾好自己的房间和书包；

每天放学后，主动帮父母做一些力所能及的家务活；

周末要跟着父母学做饭或者自己主动给家人做饭。

第二步：使用任务清单法帮孩子顺利完成任务。

制定了具体的关于家务的规矩后，孩子可能还是不知道从何做起；另一方面，孩子可能没有做家务的这种动力。这时候，父母可以使用任务清单法来帮孩子顺利完成任务。这里有一个表格，可供父母们参考：

整理书包具体任务	积分	可兑换的奖励
及时清理书包里没用的东西	1	1．看动画片半个小时需要8个积分。 2．购买自己喜欢的冒险小说需要30个积分。 ……
将文具放入文具盒	1	
将书本整理分类放入书包中不同夹层中	1	
将作业本整理分类放入书包中不同夹层中	1	

整理房间的任务清单也是按照这个格式来设计，将各项任务细化，这样孩子就能够一目了然，收拾起来也就更有条理，更有效率。

第三步：承诺孩子的“非物质”奖励要及时兑现。

在孩子完成任务清单上的家务活之后，父母一定要及时兑现任务清单上所对应的“非物质”奖励，并及时表扬孩子的这种认真完成家务的行为。注意，夸赞孩子的话要具体，比如可以这样说：“你的房间收拾得井井有条，看上去你真是一个负责任的‘小管家’！”。

孩子总是“买买买”，趁机培养其理财意识

☺ 不如趁此时机，每周给孩子上两堂生活金融课

☺ 掌握给孩子零花钱的度，让“买买买”成为孩子的“小助手”

☺ 孩子“买买买”的热情使零花钱总也不够花，父母怎么办

如今，很多成人都成了“剁手党”，不停地“买买买”。大人的圈子如此，小孩们的圈子也是一样的。

见到赵鹏飞的机器人好看，想买；小黑黑的马甲漂亮，想买；乐迪有一个防水表，想买；彬彬有一套好看的冒险书……

这就是这段时间天天和表妹蜜桃的真实写照。蜜桃妈急坏了，她暗自调侃：“给他‘买买买’的时候，那是‘我好喜欢你’；不给他‘买买买’的时候，就成了‘别人的妈妈’。”蜜桃妈是做会计的，算盘打得很精准，她又说起蜜桃每个月的花销：“兴趣班银子 500，买零食银子 1000，买玩具银子 500……我的个神哪，她一个月花掉了我还是小女孩时三年的花销！”她

说完抓了抓头发，做出一副很发愁的样子。我在被她逗乐的同时，也有同样的感慨，不过“福兮祸兮，祸兮福兮”，孩子出现“买买买”的行为，其实还是一种很好的成长信号呢！

我同蜜桃妈探讨了这种信号背后隐藏的大大的教育机会，于是在数月之后，天天和蜜桃俩人竟然一改“买买买”的习惯，成了“小小理财师”。下面就同大家分享其中的小小诡计。

不如趁此时机，每周给孩子上两堂生活金融课

当孩子频繁出现“买买买”的行为时，金钱就成了他的“亲人”。这时候可以把和钱相关的一些知识告诉他。实际上生活处处皆学问，我们生活的各个方面都可以是一堂生动有趣的金融课。比如，每天都会经过的商业街。如果一条街上有银行、超市、菜市场、饭店、书店，甚至是大屏幕广告……那就是不花钱的金融课。爸爸妈妈可以将这些与经济金融挂钩的知识介绍给孩子们听。比如：

银行

银行的各个程序，诸如进门取号、自动取款、自动存款等，这些也是可以让孩子亲手操作试一试的。还有银行里的各种理财产品也可以介绍给孩子。

超市

超市是交给孩子如何有计划消费的大好场所。家长耐心引导，孩子就会明白哪些东西是“需要的”，哪些东西是“不需要的”。慢慢地孩子就学会理性消费了。

菜市场

家长在买菜的时候，不妨交给孩子讨价还价的本领，教给孩子如何买东西，诸如“选货要货比三家”。家长甚至可以给孩子讲讲成本与定价，运费与人工费等问题。

掌握好给孩子零花钱的度，让“买买买”成为孩子的“小助手”

对于爱“买买买”的孩子们，父母在零花钱方面应该采取怎样的措施呢？父母可以在网上查询或通过与其他一些父母的聊天中，了解到这个年龄段的同城孩子们的平均零花钱水平，然后每个星期或每个月给孩子固定的零花钱。这个数额一般来说维持在平均线上就行。另外，在给孩子零花钱的时候，也可以根据年龄来适度调整。年龄小的少一些，年龄大的多一些。

对于零花钱的用途，爸爸妈妈可以适当引导孩子的“买买买”行为，让他将零花钱多用在参与课外兴趣小组，或者积极参加同学集体活动等有意义的事情上。在给孩子零花钱的时候，爸爸妈妈还要提醒孩子，如果每个月有剩余的钱，那就存下来。时间一长零花钱存多了，孩子也会想委托大人帮他的钱生利息，买基金、股票等，从而在无形中也培养了孩子的理财意识。

孩子“买买买”的热情使零花钱总也不够花，父母怎么办

虽然父母给孩子足够的零花钱，且孩子的确将一部分零花钱花在了有意义的事情上，但还是“月光族”，那么父母可以给孩子两点建议：

1. 自己想办法来弥补每个月零花钱的空缺

女孩子都喜欢漂亮的衣服，这个八岁的小女孩玲珑也不例外。当她花完了每个月的零花钱，要向妈妈申请额外的零花钱时，她说她需要零花钱买名牌包包和发夹。她妈妈便说：“我给你提供的零花钱能够满足你买包包和发夹，但你要想买名牌的。我的责任是给你提供适当的零花钱，而你并不满足于此。这中间的差距自己想办法来弥补吧。”不久，这个小女孩竟然参照网上的创意设计图，自己制作了一款美丽发夹，自认为比名牌发夹还炫。

2. 给孩子提供挣钱的机会，增加他的生活技能

当孩子伸手朝父母要钱时，父母可以给孩子提供一些挣钱的机会，在这个过程中增加他的生活技能。比如，告诉孩子每天帮妈妈整理家务可得到一定的积分，积分达到一定程度，可兑换为零花钱。如果他觉得体力劳动挣钱少，也可以鼓励他为家中出谋划策。如果他的建议能被采纳，则给他更多的积分，同样是积分达到一定程度才能兑换成零花钱。

Part 4
孩子不爱学习，父母应该怎样做

孩子上课不专注？孩子一听课就打瞌睡？孩子从来就学不会英语和数学？孩子因为讨厌任课老师而讨厌某门课程？孩子常常考出一个不太好的成绩？孩子有厌学情绪？归根结底，这都是孩子缺乏学习动机的表现。父母只需要点燃孩子的学习热情就能让孩子在短时间内迅速升级为学霸。点燃孩子学习热情的方法有很多，比如，给孩子设立一个“失败奖”，枯燥的英语唱出来，让孩子喜欢上图书馆和博物馆，利用“游戏法”提升专注力……

孩子考砸了，父母要学会安慰

☺ 对孩子的情绪感同身受，和孩子讲讲大人们如何应对小小挫折

☺ 发孩子一个“失败奖”，反而更容易唤起孩子的学习劲头

☺ 不拿分数来评价孩子的学习能力，知识本身就是不错的奖励

“去海边度假捡贝壳”“一场别出心裁的生日 Party”“订购一台微型机器人玩具”“天上掉下来的超级大红包”……这些奖励会属于哪类孩子？是考好的，还是屡次考砸的孩子？毋庸置疑，在多数情况下，那些考砸了的孩子们似乎是享受不到父母的这些奖励的，更糟糕的是，他们有时候还会遭到斥责，心里甭提有多难受了。

天天的朋友妞妞要离家出走！未果。听到这个消息，我第一时间给她妈妈去了电话。事情原来是这样的：

妞妞妈妈自己小时候学习差，高中毕业后，从当服务员开始，吃了太多的苦头，拼搏了这么多年，才拥有了一家属于自己的大饭店。她自己是这样

走过来的，所以特别害怕女儿长大后生活艰辛。

也正是这种心思，她对女儿的学习要求很高。还没有上小学的时候，妞妞就已经奔波于各种各样的学习班和兴趣班了。一年级和二年级的时候，妞妞还拿过两次年级第一名。可是自从进了三年级，妞妞不知道怎么回事，每次都考砸。本来成绩考砸后心情就不好，可是还要忍受妈妈的狠狠责罚，几次之后，就根本不喜欢学习了。她一直是一个比较内向的小女孩，突然有一天，她开始谋划“离家出走”，幸亏熟人发现她拉着大大的提包，并及时通知了她的爸爸妈妈，才打乱了她的计划。

孩子们考试考砸了，自己也不是很舒服。这时候，倘若爸爸妈妈不理解孩子的情绪，还要斥责他，只会让孩子小小的内心更加充满挫败感和沮丧感。对于内向的孩子来说，这种糟糕的感觉更甚。在这种负面情绪的影响下，他们对学习的兴趣变淡，学习劲头也一下子减弱了。爸爸妈妈该如何帮助考砸的孩子，重新点燃他们的学习热情呢？

对孩子的情绪感同身受，和孩子讲讲大人们如何应对小小挫折

孩子们考砸了心情并不好，甚至感觉很沮丧，这时候，爸爸妈妈要感同身受他的这种情绪，让他明白“爸爸妈妈也经历过这种沮丧的感觉”。不妨跟他聊一聊爸爸妈妈在经历一些挫折的时候是如何处理的，又从这种挫折和失败中学到了什么。

有一次，天天数学考砸了，他那天很沮丧，说老师当着那么多同学的面批评他太马虎，我便这样开导他：“听起来你确实挺难受的，妈妈在工作中也经历过因马虎而出错的事情。那次还比较严重呢。可是自从这件事情后，我开始变得有条理……”

爸爸妈妈需要注意的是，不要向孩子诉苦，请将叙述的重点放在“自己

如何调整心情”“如何积极解决问题”“从这次经历中又学到什么”等方面。这样，孩子就会学着大人们的样子，积极面对问题，不惧怕挫折，从中发现更多有价值的东西。

发孩子一个“失败奖”，反而更容易唤起孩子的学习劲头

当孩子考砸了，更应该给孩子一点小小的奖励。可以是一顿温馨的全家假日餐，可以是孩子一直想买的一个玩具。但是如何让“失败奖”发挥它的威力，爸爸妈妈是需要用点“小小诡计”的。

在天天二年级下学期时，每个周末，老师都会留一篇作文作为家庭作业。时间一长，他有子点应付的心态。终于有一次放学回家，他噘着嘴告诉我他在班里都出名了，原因是他写作文时一直走神，什么“火焰战士”“哆啦A梦”都跳进了作文里。老师特意点名批评他了。

一直知道他喜欢哆啦A梦，我就送给了他一个哆啦A梦儿童手机。可是他一点都不高兴，他认为我这是提醒他作文被批的事情。我耐心解释给他听：“对，这算是失败奖。但是我之所以奖励你，是因为我发现你做事情很有耐心，也非常有韧性。大家一致觉得你作文不大好，但你每周还照样去写，这已经很不错了。我翻看了你的好多作文，发现你已经比上学期进步很多了。我为你感到骄傲，所以送给你一份这样的奖励。”天天这才欣然接受。后来他在写作文上更是越挫越勇，在三年级时，他的作文就已经是范文了。

不拿分数来评价孩子的学习能力，知识本身就是不错的奖励

如果对这个年龄段的孩子过分强调分数，就容易给他造成这样一种错觉：

考好的孩子

分数是与知识和能力画等号的，我分数高，所以我学习能力强，我很聪明。

结果：

孩子会将注意力放在如何取得高分上，知识本身带给他的乐趣会越来越少，久而久之，学习热情反而降低。

考差的孩子

分数是与知识和能力画等号的，我分数低，所以我学习能力差，不够聪明。

结果：

孩子逐渐陷入一种恶性循环中，考得越差越不想学，越不想学考得越差，最后彻底丧失了学习热情。

做父母的一定要摆正自己的心态。内心即便再渴望孩子成绩出众，也不要一味地将成绩和分数画等号。不如对孩子换个要求：学到更多的知识比成绩更重要，学习过程中得到的快乐比结果更重要。

当孩子脱离了分数这个庸俗的目标，就能更专注地去学习知识，从学习中得到更多的乐趣，学习也变成了一件轻松愉快的事情。也只有在这样的情况下，孩子的潜能才能被充分调动起来，学习起来才能更专注，更开心。这时候的学习效率也是很高的，不求高分，高分反而自动找上门。

孩子没有上进心，父母要做好榜样

☺ 想让孩子成为学霸，那就坐在孩子对面看书

☺ 规定一个全家人的阅读时间

☺ 父母本身的经历就是很适合讲给孩子的励志故事

朋友是爱书之人，但她的爱书不是爱阅读，而是对书籍有强烈的占有欲，看到书就想屯起来。她家里有两个落地书架，书籍也排得满满的。第一个书架上多是一些文艺类和专业类书籍，第二个书架上则全是有些励志性质的书籍。比如，《如何培养好习惯》《怎样拥有时间观念》《如何开发右脑》……

“怎么买来这么多励志书？”我有点好奇。

“还不是为了小朵。我们将她送入重点学校，可是她却一点上进心都没有。”她有点无奈地耸耸肩。然后数落起孩子的一堆学习问题：上课不专心，学东西太慢，写作业磨磨蹭蹭……

这位朋友自从做了拆二代，如今是典型的包租婆，业余时间炒炒股，生

活惬意悠闲。她的惰性和她多年前努力拿奖学金，业余还学习国画的奋斗劲头丝毫不相称。

实际上，家庭才是孩子的好学校，而父母是孩子的启蒙老师。父母的言行举止对孩子的影响是相当大的。如果父母是一个懒惰、没有上进心的人，那么孩子也会在无形中效仿父母，成为一个懒散、得过且过的孩子。父母如果想让孩子成为学霸，那么自己首先也要成为一个有上进心的人。

想让孩子成为学霸，那就坐在孩子对面看书

在孩子写作业的时候，一些父母习惯性地看看电视，打打麻将。嘈杂声一片，孩子写作业非常受干扰，不自觉就开始走神。也有的父母让这个年龄段的孩子独自在卧室或书房里写作业、看书。整体环境虽然比较安静，但小学初年级的孩子们自制力差，自觉性也不强，会偷偷玩起手机或电脑游戏。

显然，上面提到的两种家庭环境里，孩子是很难专心写作业或看书的，当然成为学霸也就有点难度。但是如果父母在孩子写作业或看书的时候，自己就坐在他对面看书或工作，这样的情况下，孩子看父母都这么专注，自己也会受到这种氛围的影响，开始专心高效地写作业。

规定一个全家人的阅读时间

父母可以在家庭会议上商议一个全家人的阅读时间。在每天一个固定的时间段里，全家人忙完各自的事情，坐在一起看看书。孩子们还是比较喜欢这种“全家人都在做一件事情”的氛围的。在这样的环境里，孩子发现父母仍然没有放弃学习和阅读，自己也会不自觉地模仿父母，逐渐喜欢上学习和阅读。

关于这个全家人的阅读时间段，尽量是安排在孩子写完作业并且全家人吃完晚饭后的 8 ~ 9 点，半个小时就可以。全家人在这个时间段，可以阅读

自己感兴趣的书，也可以涉猎多个领域，政治、经济、历史、地理、生活等方方面面。对于全家人都感兴趣的图书，甚至可以在全家人都读完后来一次小小的读书沙龙，各自谈谈对这本书的理解和感悟等。

父母本身的经历就是很适合讲给孩子听的励志故事

父母在教育孩子方面还是非常用心的，这从对孩子的阅读选择上就能看出来。在给孩子选择课外读物的时候，父母们往往会大致翻看，之后还会认真考虑这本书是不是能让孩子从中吸取一些好的东西，诸如品质、智慧、处事的方法等。进而使得孩子内心强大，遇事沉着，善于思考，思维独特，敢于冒险，善良而又有原则……

往往是用上一下午的时间选书，才能找到适合孩子的书。其实，对于孩子们来说，好的励志故事并不在书中。对于那些有上进心的爸爸妈妈来说，他们的经历就是很适合讲给孩子听的励志故事。

父母不妨多和孩子讲讲曾经的“英雄事迹”，讲讲自己为什么要利用业余时间充电，讲讲自己一直为之奋斗的梦想等。其实这个阶段的孩子对于父母的故事，是能够理解的，而且从中吸收的养料要远远超乎父母的预期。

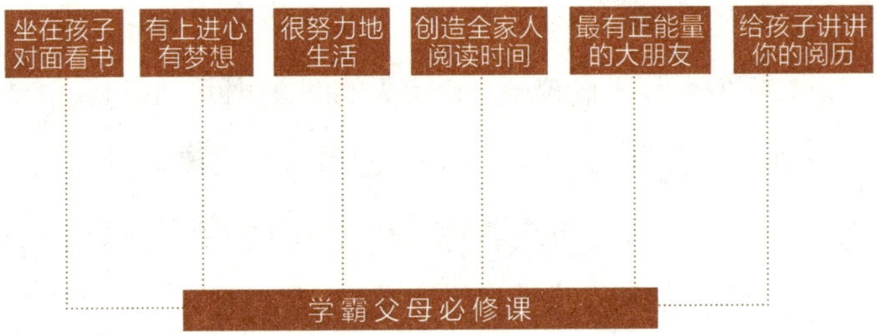

孩子有厌学情绪，用爱心和耐心解开其心结

☺ 第一步：从玩耍入手，巧妙引导孩子自己主动说出关于学习的事情

☺ 第二步：在和孩子聊得尽兴的时候有技巧地插入学习话题

☺ 第三步：对孩子的情绪表示认同，积极帮他想出解决之道

孩子们本来挺喜欢学习的，突然有段时间就开始出现厌学情绪，这样的情况并不少见。班里换老师了，突然有一次考砸了，和同学有矛盾了，在班里出丑了，每天都完不成作业或作业总出错……这些都会使孩子对学习产生抵触情绪。父母如果能帮孩子解开这些内心的“小九九”，他们就会重新喜欢上学习。

我印象比较深的是，一个小男孩在学习上遇到了困难，他跟不上班里的学习进度了，而且也不知道怎么回事，自从那天放学后，就从来没打开过他的书包，他也不允许别人打开。老师和父母多次劝告，但一点作用也没有。当然，可想而知，这件事影响了他的学习。老师和父母都觉得书包里一定藏

着什么东西，可是他即便睡觉都要拿着书包，不让大家打开看。

我第一次见他，也像其他人一样，试图用和缓的语气劝说他打开书包，他却投来敌视的目光。我想了想，就故意支开他爸爸，然后装作漫不经心的样子和他聊学校的一些事情，想引蛇出洞，果然他很快就上当了，说出了让他困惑的书包。原来，几周前，他放学回家的路上，想打开书包拿手机打电话，却摸到一团黏黏的东西，而恰在此时，他发现自己几乎踩到一只被汽车轧死的小鸟。他把这两者联系起来，头脑里便不停地制造幻想，于是，心里就有了个“小九九”，再也不敢打开这个“魔法”书包了，为了防止其他人受到伤害，他也不允许别人打开。我假装懂一些魔法，提议和他一起看看这个“黑魔法”书包，在打开书包的那一瞬间，他释然了。原来那黏黏的东西，并不是什么黑魔法，而是一块橡皮泥。小男孩长吁了一口气。这件事情就这样解决了。

其实，很多小孩突然变得不喜欢学习，多是因为将情绪上的问题带到了学习中来。对于这些孩子，一般来说父母只需要做三步，就能帮孩子解开“小九九”，让他们重新喜欢上学习。

第一步：从玩耍入手，巧妙引导孩子自己主动说出关于学习的事情

父母想知道孩子为什么不爱学习了，如果一开始直奔主题，劈头就问：“最近怎么回事，不好好学习了？”“作业怎么写得这么差？”，孩子本来就很抵触遮掩的话题，一般都会以说谎来应付父母的责问，或者干脆低着头，躲在角落里不说话。如此，这种沟通就很难进行下去，父母自然无法知道孩子不爱学习的原因。但是如果在聊天的时候，先和孩子聊一些关于“玩耍”的内容，孩子就会在这种愉快的聊天氛围里放松戒备，从而很容易敞开心扉。父母想要和孩子聊好玩的事情可以从这些角度入手：

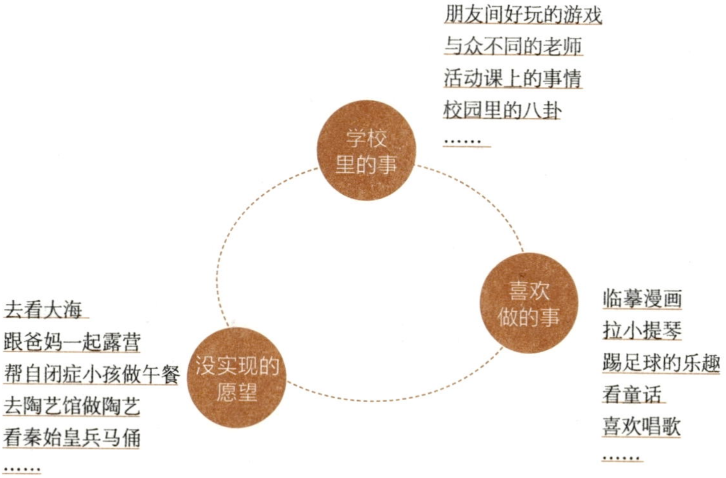

第二步：在和孩子聊得尽兴的时候有技巧地插入学习话题

当孩子聊得特别尽兴时，父母可以在这个时候适当插入学习话题。但是在插入话题的时候需要懂得一些技巧。要明白，不当的沟通方式也能让这个话题戛然而止，而好的沟通方式则能彻底打开孩子的心扉。

在和孩子聊天的时候，要时不时用愉快和充满鼓励的目光看着孩子，同时感同身受地来附和他，比如，当孩子眉飞色舞地说学校里那个新来的有趣的老师时，父母可以附和道“听上去她真的很有趣”“嗯，她是这样的哦”……在孩子聊得差不多了的时候，也说说自己曾经上学时遇到过的有趣的老师，然后巧妙地将话题转换到学习上。比如父母可以这么说：“我上学那会儿，也遇到过同样有趣的老师呢！”当父母注意到孩子在认真倾听时，便说说这个有趣老师的一两个小事迹，然后自然而然地转到学习上来，完全可以杜撰一个关于学习的故事，比如，“有一段时间，我不爱学习。因为我讨厌当时的班主任。这个有趣的老师发现了我的秘密时，她这样帮我……”当你和孩子说了自己的秘密，孩子听到儿时的你和他有同样的困惑，出于“交换秘密”的心理，自然而然也就敞开心扉，说起了自己的秘密。这样，你轻轻松松就知道了他不喜欢学习的原因。

第三步：对孩子的情绪表示认同，积极帮他想出解决之道

当孩子说出最近一段时间不想学习的秘密后，父母要先认同他的情绪问题，然后和他一起想办法解决。比如父母可以和孩子进行这样一段对话：

孩子：“当时并不是我的错，班主任竟然不相信我，当着同学的面狠狠地批评我。”

爸爸：“听起来你一定委屈极了。”

孩子：“是啊，所以我根本就不想再去好好听班主任的语文课，更不想写语文作业。”

爸爸：“是啊，如果换作是我，我也会像你一样不喜欢语文课的。”

孩子：“我知道我拒绝好好听课和不写作业都不对。”

爸爸：“是啊，你是想让老师生气，其实自己也损失了不少。我们算算，这段时间如果好好听语文课，按时完成作业，我们会收获多少知识？那是多有趣的事情！”

当孩子情绪上的小问题解决之后，他又开始重新体会到学习的快乐了，学习的热情也就会被再度点燃。

孩子缺乏学习热情，利用梦想来点燃

☺ 孩子的梦想无论是什么，父母都要表现出足够的兴趣

☺ 引导孩子意识到学习是成就梦想的捷径

☺ 与孩子一起模拟梦想情景，并将学习融入其中

如今家中阳台是一个“体育库”，摆满了天天喜欢的运动器材，羽毛球拍、乒乓球、飞盘、跳绳、滑板车、山地车……可是两年前的阳台，纯粹是个“杂货铺”，而天天则是这个“杂货铺”的小主人。事情还得从那时候说起。

天天刚上小学一年级那会儿，要学的东西一下子多了起来，并且比起幼儿园玩耍式的教学方式，天天也不大适应如今老师的授课方式。他对学习一点都不感兴趣，每天都故意赖床不想上学。如何让一个淘气的孩子喜欢上学习呢？

积分奖励法、自然后果法、气氛浸染法……这些对天天丝毫不起作用。我和天天的爸爸正是头疼，突然有一次，天天说了这么一句：“学习有什

么用啊，反正我长大了是想开一家玩具店的！”他这一说不要紧，我突然就有了主意。

“天天，你知道吗？不管你将来想做什么，我们都支持你呢！”天天一听我这么赞同他，一时也来了劲头，说道：“妈妈，我的玩具店里要卖的玩具还真是多呢！各种各样的机器人、遥控飞机、仿真坦克……”他说了很多，都数不清了。我趁机引导他：“开玩具店得进货吧，进货与数学有关。各种玩具的名字、用法涉及到语文，如何说服小孩子们来买，也与语文有关。如果碰到外国小孩，那你要说英语。”

天天用力地点点头，自从这个“玩具店”开张后，天天为了成功当上“玩具店老板”，开始学习英语、数学和语文。孩子就是孩子，开始的时候觉得特别好玩，一段时间后，就懒得打理他的玩具店了。但是他对学习的热情却因为“玩具店”被唤醒了！

对于小学初年级的孩子们来说，每个人心里都或多或少有自己想做的事情，想成为的人。当然，孩子的心思是多变的，现在的这些小小的梦想，不一定会成为他毕生的追求。但是至少现在这个阶段，这小小的梦想不会变动。实际上，对于那些缺乏学习动机的孩子们，父母也可以试试用孩子的梦想来点燃他的学习热情。那么具体该如何操作呢？

孩子的梦想无论是什么，父母都要表现出足够的兴趣

利用孩子的梦想来点燃学习热情是有一个前提条件的，那就是尊重孩子的梦想。有的父母一听到孩子想当个司机，当个会种花的花农，就觉得特别生气。他们生怕孩子的梦想不够崇高，一心想让孩子说自己将来愿意成为科学家、作家、医生、总裁等，但是对于小孩子来说，他的梦想无论是什么，父母都要对他的梦想表现出足够的兴趣，并且要懂得呵护和引导。

引导孩子意识到学习是成就梦想的捷径

有的父母可能要说了，如果孩子的梦想是非常高大上的，诸如当个科学家什么的，那么自然而然他就明白，要成为一个科学家，就需要掌握大量的知识，而知识是在平时的学习中一点一滴积累而成。但倘若孩子只是想当个花农什么的，那又当如何点燃他的学习热情？父母可以试着这样同孩子对话：

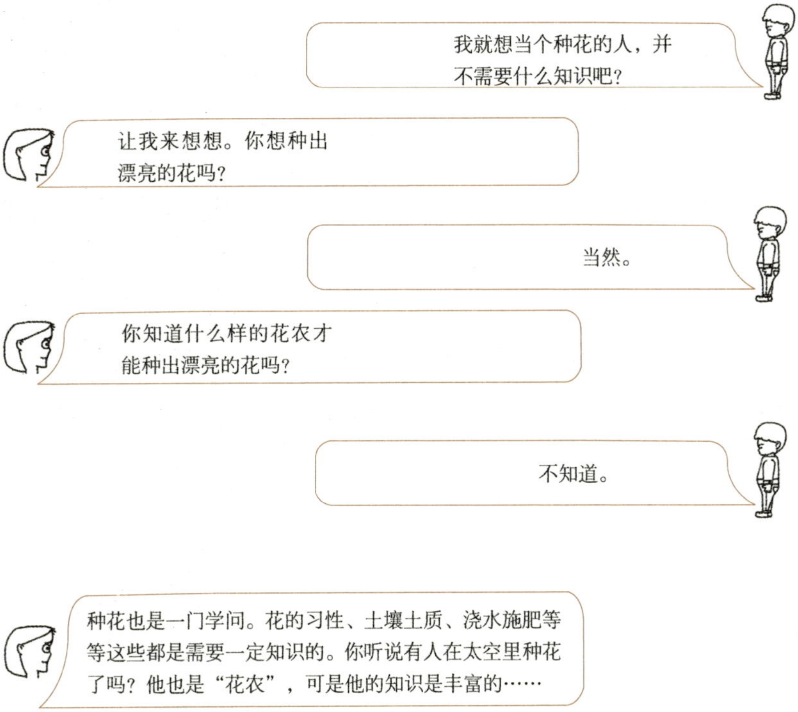

如此，慢慢引导，让孩子意识到无论是什么样的梦想，如果想做到更好，那么学习就是一种很好的捷径。

与孩子一起模拟梦想情景，并将学习融入其中

单单是让孩子明白梦想与学习之间的关系是不足以点燃其学习热情的，还差一把火候，那就是模拟梦想情景。只有在这种模拟情景中，让孩子真正体会到学习对梦想的重要性，才能真正点燃孩子的学习热情。拿一个想当游戏设计师的小孩的案例来说：

有个九岁的小男孩，数学并不好，对数学也没多少兴趣。这个小男孩有个梦想，就是成为游戏设计师。在我的建议下，他开始经常设计数学游戏。也就是将枯燥的数学，施加一点点魔法，成为吸引力十足的游戏。他设计的其中一种游戏方式是这样的：主角是勇敢男孩木木，他要闯过一片黑暗森林来救小动物。但是这森林有六关，每一关都是数学难题，通过后才行。就这样，他在这种挑战游戏中，轻轻松松就学会了数学，而且从此也喜欢上了数学。

孩子不爱学英语，不妨试试“摇滚法”

☺ 枯燥的英语单词，死记硬背不如摇滚着唱出来

☺ 用表演的方式来记忆英语句子和文章，英语就变得很有趣

☺ 多给孩子买一些适龄英文原版读物，鼓励孩子自己阅读英文书

☺ 在孩子每天早晨上学前的这段时间里，营造一种英语氛围

“我们的摇滚时间开始了，Music！”天天和伙伴妞妞已经迫不及待地打开摇滚乐了。

“等我看完这本小说再开始，好不好？”我同他们两个商量。

“不行不行，我们就要现在开始！”天天坚持道，小伙伴妞妞也随即附和。

“那好，听你们的！”

大家可能觉得这个妈妈怎么可以让小小的孩子们如此放肆，竟然还玩摇滚？哈哈，这就是我的小妙招了。

天天和妞妞都对英语不感冒，尤其是天天，自从这个学期英语老师出国，

换了老师后，每天都抱怨英语很无趣。我了解到现在的英语老师的授课方式和以前的英语老师不太一样，每天留的家庭作业也很多。我起初并不是很在意，可是后来发现他写英语作业的时候经常是边吃零食边写，还总是时不时翻看漫画书，致使写英语作业的效率很低，甚至要占用家庭作业的大部分时间。看来他的的确确是疏远英语了。当务之急是重新唤起他对英语的兴趣，怎么办呢？于是便有了这个摇滚唱歌学英语的点子。

枯燥的英语单词，死记硬背不如摇滚着唱出来

对于孩子们来说，英语单词是极为枯燥的，孩子们也是讨厌死记硬背的。背单词对孩子们来说并不是轻松惬意的事情。爸爸妈妈们想必都赞成这样的观点。摇滚唱单词法能轻而易举地将枯燥乏味的英语单词变成孩子们爱吃的炫酷零食，从此孩子们会爱上记单词，学习英语的热情也就被唤起来了。

比如，我们用摇滚的方法编了一首中英文混杂的歌，当摇滚唱到英文时，我们会减缓语调同时清晰地把单词说出来。我们的歌曲是选了一位他们感兴趣的明星的快节奏歌曲，自己填词做成。具体是这样的：

我的 friend

一个美丽的女孩

一个调皮的男孩

boy boy　girl girl girl

早晨我们上学去

遇见 teacher 问声好

good mornig……

摇滚吧，英语单词！就是再难以记忆的单词，都会在摇滚中摇身一变，成为很酷很美味的英语零食。父母们可以在家中随意用孩子喜欢的歌曲填单词，然后将单词唱出来，这样孩子就能轻轻松松记住英语单词了。

用表演的方式来记忆英语句子和文章，英语就变得很有趣

父母可以选一个周末的下午，自己当观众，鼓励孩子和小伙伴们将本周所学的英文课文变成小小的剧本，分角色用英文表演。在这个过程中，父母要时不时给这些“小演员”们投去鼓励的目光，说一些鼓励的话语。可以是每个小孩轮流担任不同的角色，这样几局下来，孩子们基本上都能够背诵这一周学习的全部英文课文了。

多给孩子买一些适龄英文原版读物，鼓励孩子自己阅读英文书

父母可以多给孩子买一些适龄的英文原版读物，有些情节但词汇比较简单的那种就好。比如《不一样的卡梅拉》《可爱的鼠小弟》等。父母可以将每天或每周末一个固定的时间段定为全家一起阅读的时光。在这样一个时间段里，关掉电视，关掉手机，大家坐在一起，开始一段轻松的阅读之旅。孩子在阅读的过程中可能会遇到很多问题，爸爸妈妈要及时给予指导，也可以引导孩子自己通过搜索引擎或查字典来解决问题。

在孩子每天早晨上学前的这段时间里，营造一种英语氛围

在孩子每天起床后至上学校之前的这个时间段里，父母如果多用英语和孩子对话，可以让孩子对英语更感兴趣，再接下去的英语课中，也更积极。当然，在旅行、吃饭和闲谈的时候，父母也可以不失时机地用一些英文来和孩子交流。

说到和孩子用英语对话生活场景，很多父母底气不足。觉得自己很多年不接触英语了，都忘得差不多了。其实父母不必太拘谨，如果能将营造英语氛围当作一种游戏，就能放松心态，为孩子营造良好的英文氛围了。大家准备好了吗？不妨就从现在开始吧！

孩子不爱读书，带他去图书馆、博物馆

☺ 每周末抽出半天时间，带着孩子在图书馆或书店里享受阅读时光

☺ 大人们不知道的答案博物馆知道，博物馆不知道的答案书知道

☺ 鼓励孩子和小伙伴们将喜欢的故事编成“剧本”表演出来

出电梯门的时候，偶遇妞妞妈，她抱着一大摞书籍气喘吁吁。突然一个不小心，书籍散落了一地，我帮她捡起时发现全是作文方法书。

她宛然一笑，有些不好意思地说：“哎呀，我们家妞妞的作文不太好，这不，买了一堆书让她提高作文成绩。妞妞的作文虽然很少出现错别字，但病句相当多，并且就是典型的流水账。”

她迟疑了一下，问我道：“听妞妞说，天天的作文一直都是老师当作范文读的，是不是看了不少作文指导书？”

我听了一愣，实话实说：“他从来没看过作文指导书。”

妞妞妈就更诧异了。我告诉她：“天天的作文之以好，是因为一直以来

都喜欢读课外书。”我这么一说，她就更是惊讶了：“什么，看课外书？”

确实如此，孩子们如果仅仅习惯啃书本，课外阅读量很小或者没有课外阅读的习惯，久而久之，知识面狭窄，思路自然打不开。而广泛的阅读则为孩子们创造了无限丰富的可能性。孩子从书中吸收的不仅仅是知识和概念，同时也开阔了视野，丰富了想象力和思考力，提升了语言表达能力和写作能力。有阅读习惯的孩子写起作文来，自然也比那些只会啃书本的孩子们更有想法，更有创意，更有才情。

对于妞妞的作文问题，我建议妞妞妈多让孩子读读课外书，为孩子打开阅读的大门。有的父母可能要说了，我的孩子是个调皮捣蛋又贪玩的家伙，从来都没有阅读的习惯，想让他对阅读感兴趣，谈何容易？莫急，莫急。父母们可以试着这样做：

每周末抽出半天时间，带着孩子在图书馆或书店里享受阅读时光

天天还在幼儿园上小班的时候，我就经常带着他去图书馆的儿童阅览室看绘本书。后来他认识的字越来越多，自己就能阅读一些简单的绘本。再后来，自己可以阅读一本儿童小说，而且在阅读的时候很入迷，根本就不需要父母一起陪读。

其实，父母经常带着孩子去图书馆或书店，是培养孩子阅读习惯的好方法。当孩子置身图书馆或书店中，看到那些爱书人手捧一本书，沉浸其中，浑然忘我时，不自觉地也会被这种阅读的氛围感染，翻开自己喜欢的书籍，开始一场阅读之旅。对于很少有机会去图书馆或书店的孩子，父母要多告诉孩子一些图书检索方法以及读书规矩。比如，如何通过搜索引擎检索到自己喜欢的书籍，看完的书要放到原来的位置，等等。

还需要提醒父母的是，在和孩子一起挑选书籍的时候，尽量少些功利

性，要尊重孩子的选择。一般来说，孩子们多喜欢看一些诸如《时间的褶皱》《魔戒》《百科全书》等他们感兴趣的读物。一旦父母以功利心强迫孩子阅读父母认为重要的书籍时，实际上就破坏了孩子们的阅读兴趣。

大人们不知道的答案博物馆知道，博物馆不知道的答案书知道

小学初年级的孩子们对万事万物有着很强的好奇心。奇特的自然现象、好玩的动物植物、有趣的人文知识、壮丽的自然景观，他们的脑子里装满了疑问。他们往往会问一些连父母都难以回答的知识。这时候不妨把博物馆介绍给他。告诉他：“大人不知道的答案，博物馆和图书馆知道。”父母可以在周末抽出一些时间带孩子去各种各样的博物馆参观。对于初次或很少去博物馆的孩子们，要提前做好去博物馆的准备工作。诸如：

如果孩子在参观博物馆的过程中有很多疑问，博物馆本身不能解决的，不妨将孩子引向书籍，告诉他：“博物馆不知道的答案，书籍知道。”引

导孩子通过阅读来满足对知识的好奇与探索。孩子的知识面广了，懂得的知识多了，自然学习的劲头也就更大。

鼓励孩子和小伙伴们将喜欢的故事编成“剧本”表演出来

西方一些国家，在小学里就开有“戏剧课”，孩子们可以尽情地表演书中主人公的喜怒哀乐。如今网络微剧也特别流行，父母可以参照这两种方式，鼓励孩子和小伙伴们将自己喜欢的书籍中的某些片段分角色表演出来。在这样一个过程中，孩子们不仅能更深地了解所读的书籍，而且也能在无形中提升自己的语言表达能力、想象力和创造力，从而更愿意去阅读更多的书籍。

孩子有了小进步，用具体的赞美鼓励他

☺ 不要去纠正孩子的错误，将关注点放在孩子的长处上

☺ 当表扬孩子的时候，将焦点放在过程和行为上，而不是结果上

☺ 对于努力过却没有结果的孩子，这样鼓励能唤起他的自信心

妞妞这个小女孩虽然蛮聪明的，但是一点儿都不自信。怎么看出来的？周末，他们一帮孩子一起写作业时，她总是会反复请教其他孩子作业中的问题；每次写完作业，她都要和其他孩子比较一下作业质量。她这样做的目的，无非是怕出错。

她也是这帮孩子中话语很少的。每次都是默默听别的孩子谈天说地，滔滔不绝。我鼓励她和大家一起交流，她却说："阿姨，我懂得太少，如果说错了，多不好意思！"

终于有一天，我明白她不自信的原因了。那次，她爸爸一直抱怨妞妞这孩子是个内向又自卑的孩子，抱怨完这些，他又开口说："这孩子这次

又是99分，就是太粗心了！”“这孩子脑子瓜比不上隔壁家那小姑娘转得快！”……

我对妞妞爸爸颇有看法。他一边认为妞妞是个自卑的小姑娘，一边在做着错误的事情，用批评式的言语将妞妞萌发出来的自信一点点抹掉。我提醒他，教育方式出错了，他却惊讶地张着嘴巴，瞪大眼睛。

其实，很多父母又何尝不是如此？一边抱怨孩子不自信，一边又在做着毁灭孩子自信心的事情而浑然不知。父母当然希望能做一个对孩子有用的父母，可是很多时候，教育的方式不对，反而导致初衷和结果南辕北辙。那么，父母如何做，才能打造一个自信的孩子？

不要去纠正孩子的错误，将关注点放在孩子的长处上

父母都希望孩子能够拥有自信，但是如果父母总是盯着孩子的缺点不放，试图批评纠正，就会使孩子有意识地关注自己的缺点，忽视自己的长处。时间一长，孩子就逐渐失去了自信。但是，如果父母换个角度，忽略孩子的缺点，将关注的焦点放在孩子的长处上，就能帮孩子建立自信。就拿上文的小女孩妞妞来说吧，倘若她的父母常常能发现她与众不同的地方，比如：妞妞的思维非常缜密；妞妞虽然话少，但是很会和其他孩子打交道；等等。多肯定妞妞的优点，并加以赞美表扬，那妞妞的自信就会如同破土的嫩苗，一点点开始生长。

当表扬孩子的时候，将焦点放在过程和行为上，而不是结果上

有的父母的确经常表扬孩子，动不动就会对孩子说：“你真棒！”“你真聪明！”“你太了不起了！”但这种很宽泛的表扬方式其实是无效表扬。此类表扬针对的是具体的人格，且比较模糊，长时间听这种表扬的孩子，会容

易飘飘然，有点狂，这样能培养出骄傲的孩子，却不能使孩子拥有真正的自信。

父母在夸赞孩子的时候，要针对孩子具体的行为或者某个具体的过程进行表扬，这样就能逐渐让孩子认识到：自己有足够的能力，能做好这样的一些事情。自信心就是这样一点点开始沉淀的。

那么，如何去夸赞孩子具体的行为或具体过程呢？父母可以简单套用一些模式。比如，可以先描述具体事件中孩子的表现，然后用一两个合适的词语进行总结性赞美；或者先描述过程中孩子的表现，然后用一两个合适的词语来进行总结性赞美。具体来说，父母可以针对孩子的具体行为进行赞美，也可以针对孩子在做的具体事情进行赞美。

针对具体行为的赞美语言可以这样说："孩子，听老师说你这几天总是第一个到教室，还真的是蛮有时间观念的。""你能帮朋友提高学习成绩，而且一点私心都没有，你这是有大格局，我为你感到骄傲！"

针对具体过程的赞美可以这样说："你写作文的时候，能够天马行空，思维特别开阔，这叫作想象力丰富！""这么难的题，你竟然能够做出来，这是有思考力的表现！"

父母经常这样赞美孩子，能帮孩子增强自信心，逐渐变得自信且有能力。

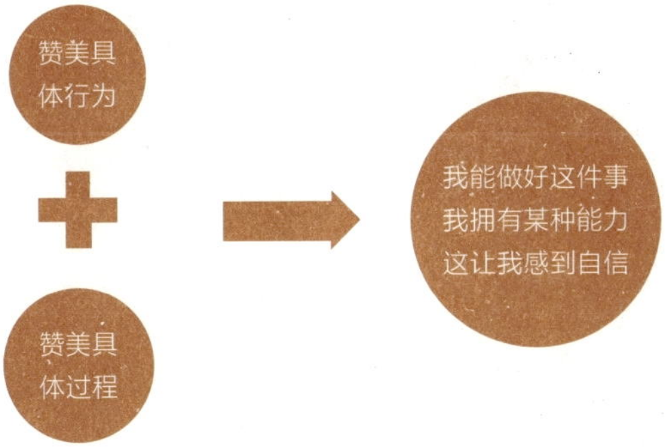

对于努力过却没有结果的孩子，这样鼓励能唤起他的自信心

当孩子在做某事的时候失败了，此时如果父母能够及时并正确地给与鼓励和赞美，不仅能唤起孩子的自信心，而且能让孩子拥有百折不挠的勇气。比如，孩子在比赛短跑的时候失败了，你不要对孩子说“就差那么一点，真可惜。”“你状态不好的缘故”等消极的话，你要这么说：“你的准备动作那么一摆，非常有范！”“你跑起来非常轻快，这证明你弹跳能力好。”

孩子听讲不专心，用“游戏法”提升他的专注力

☺ 不要关注孩子的“不专心”，而应为他创造宽松的环境

☺ 利用这样一些小事情，慢慢提升孩子的抗干扰能力

☺ 利用游戏的方式来学习，枯燥的课堂也能妙趣横生

窗外有很多的事情吸引小孩子：踱着步子检查纪律的主任，迟到的同学，开得正艳的花儿，树上的小鸟，花丛里的蜜蜂，绿色的足球场，等等。倘若学校附近就是闹市，那就更能吸引无心上课的孩子了，远处密密麻麻的人像蚂蚁一般忙碌，小贩的吆喝声此起彼伏。这一切总能引起孩子无限遐想，比上课有意思多了。

这不，春天一到，天天那临近窗户的座位可谓得天独厚，比起课堂里的知识，孩子们更向往外面的世界。而靠窗户的孩子们则有了这种“近水楼台先得月”的优势，每每不自觉向窗外张望。于是，我和几位父母自然而然地被班主任老师请去面谈。

“你们知道吗？你们的孩子每天就看着窗外，都不怎么听课。”听老师这么一说，父母们交头接耳讨论起来。不一会儿工夫，大家纷纷提建议：“给我们家孩子分到别的位置吧！”“干脆拉上窗帘！”“让他们站着听课！”……可是这些建议听起来可行，细细思量也都是下下策。关键的因素还是因为窗外的世界的有趣程度超过课堂内容。怎么办呢？我倒是有简单的几招，说给大家之后，大家纷纷点头，说回去一定试试。两个月以后，基本上这几个整天看着窗外的孩子向窗外张望的频率明显降低了，都开始专注听课了。这几招其实也都是简单的招数。

不要关注孩子的“不专心”，而应为他创造宽松的环境

如果父母给孩子创造的环境是严苛的和充满压力感的，绝大对数孩子会在这种环境中越发无法专注，甚至出现注意力涣散问题。一旦外界有更好玩的事情，立马就会被吸引，个别孩子还一度被认为是“多动症”。其实这只不过是孩子的内心向外界发出的一个求救信号。爸爸妈妈如果能够尽可能的给孩子提供一种宽松自由的氛围，多多理解孩子的情绪，那么孩子的那种用调皮捣蛋和不专注来寻求关注的心理就会得到安抚，整个人也会更加平和，专注力也会获得提升。

利用这样一些小事情，慢慢提升孩子的抗干扰能力

孩子在听课的时候，不知不觉就被窗外事物吸引，开始走神。这个年龄段的孩子们一般都会如此，他们的抗干扰能力还比较低。其实日常的一些小事，如果父母做对了，就能慢慢提升孩子的抗干扰能力，使孩子听课更专注。

就拿天天来说，周末写作业的时候，经常有小伙伴来邀他一起出去玩。天天对于这点几乎是无法抗拒的。尤其是在小伙伴来到家里等他一起出去玩

的情况下，他就更加无法专注于手头的事情了。这看似平常的小事，其实就是培养孩子抗干扰能力的好机会。每当这个时候，我就告诉他，只有专心写完作业，才能尽快和小伙伴一起出去玩，那样玩得也更加开心。但是如果因为小伙伴来了就无心写作业了，那么不好意思，出去玩耍项目取消。

爱玩是孩子的天性，为了能尽快和伙伴一起出门玩耍，天天自然而然地抗拒了小伙伴的干扰，专注写作业。这样一段时间下来，孩子的抗干扰能力就慢慢得到提升了，上课时也更加能够抗拒窗外的干扰了。

利用游戏的方式来学习，枯燥的课堂也能妙趣横生

孩子们为什么会在上课的时候频频走神，关注窗外的世界？很大程度上是因为课堂内容的精彩程度远远不及窗外。父母只需要多动动脑筋，想办法提起孩子的学习兴趣，就能大大提升他的专注力。在这方面，我们几位父母商量好，让这几个孩子利用游戏的方式来学习，让课堂成为游戏的一部分。具体是这样的：这几个孩子在大人们的建议下，设计了一款现实版的真人游戏。游戏的终极目标是赢得一场精彩的远途旅行。但要想赢，必须闯过好几关，而这些关卡则是平日的一次次小测试。于是孩子们为了闯关成功，开始将上课也看作游戏的一部分，枯燥的课堂也因此开始变得妙趣横生。

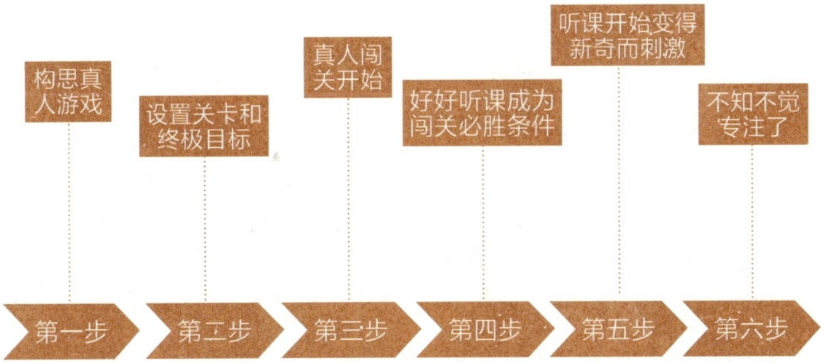

除了这三招，父母们也可以试着每周抽出半天时间，对孩子进行专注力训练。一般在网上搜一些专注力训练题目或者买一些此类书籍，循序渐进来培养孩子的专注力即可。还有一种运动方法也非常有助于提升孩子们的专注力，即打乒乓球。父母可以和孩子们经常进行这项运动，在娱乐之中，手眼协调能力增强了，眼睛也不容易近视，专注力更是悄悄冒芽生长了。

孩子上课总打瞌睡，实用小处方来帮忙

☺ 上课前三分钟预习新内容，学习信心足了就不容易瞌睡

☺ 给自己一个硬性规定，每节课都要找出一个问题问老师

☺ 主动申请站着听课，积极回答问题

☺ 如果是因为天气太闷热而犯困，不妨试试这些小方法

上下眼皮每天下午的战斗尤其激烈。耳边的瞌睡虫说："就睡一小会儿，去美美地做个很短很短的梦。"理智却说："不能睡啊，如果睡着了，那老师就会告诉妈妈，妈妈知道我上课打瞌睡可不是好事情！"

这可能是很多上课爱打瞌睡的孩子们每天必然要经过的一番挣扎。但往往是上眼皮战胜下眼皮，瞌睡虫战胜理智。有时候老师也许会提醒，但老师不是侦探，并不是所有时候都能洞察出在一本竖起的书后面，到底是一个在认真听课的小人儿，还是一个假装认真听课的小人儿。

孩子们上课打瞌睡的原因比较多：老师讲的课枯燥，晚上没有睡好觉，

对课堂内容不感兴趣，缺乏学习动力……

赵鹏飞这个淘气包曾经也有瞌睡的问题，尤其是上语文课的时候，瞌睡虫就会蜂拥而至。老师故意让他站起来回答问题，父母为了调整他的睡眠，将全家人的睡眠时间都定在了九点钟，时间一到，立马停止一切手头的事情，关灯睡觉。可这些对他来说，都不怎么管用。

这可怎么办？我为赵鹏飞的妈妈支了几招，与其从父母和老师的层面来帮孩子赶走瞌睡虫，不如告诉孩子一些方法，让他自觉战胜瞌睡虫。一般来说，排除睡眠不足的问题之外，孩子上课瞌睡多是与其对学习缺乏自觉性，自制力比较差，不够专注，对所学科目不感兴趣有关系。孩子们只要用这样一些小方法，就能大大提升学习的自觉性、专注力和学习兴趣，进而瞌睡虫也就被吓跑了。

上课前三分钟预习新内容，学习信心足了就不容易瞌睡

如果有些科目是孩子们不喜欢的，或者是孩子觉得学习困难的科目，他们在上这个科目的课时，就会不自觉地打瞌睡。这种情况，建议孩子们在上这个科目之前，提前预习老师要讲的内容，并找出一些问题，准备在课堂上找答案。在准备充足的条件下，再听老师讲课，就会觉得这个科目难度变小，且一边学一边解决疑问也很有意思。有了学习信心和学习兴趣，自然就容易跟着老师的思路学下去，就不容易打瞌睡。

给自己一个硬性规定，每节课都要找出一个问题问老师

这其实就是典型的给老师找碴。对于讨厌这个科目的淘气包来说，如果能给任课老师找个难题，难倒他或者为难一下他，肯定是他们比较热衷的事情。那不妨建议淘气包真的这么做。为了成功给老师找碴，那老师的课就必

须得认真听才能发现问题。淘气包开始认真听课之后，一开始可能就是为了找碴，可后来他逐渐发现认真听课的好处多多，这时候，瞌睡虫已经不可能盯上他了。

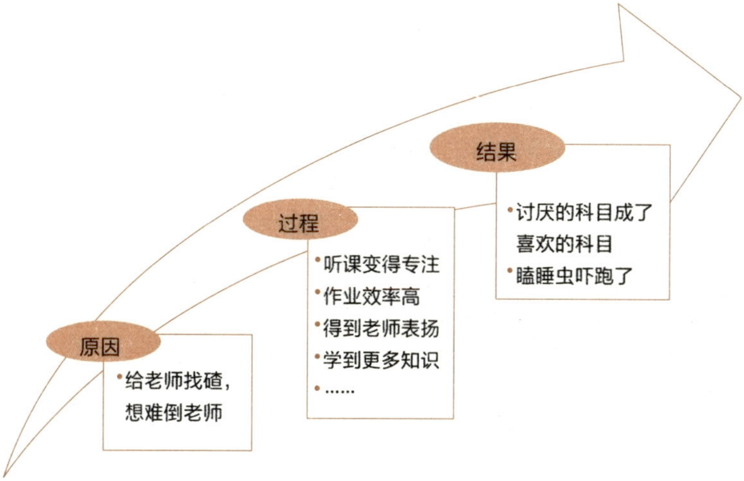

主动申请站着听课，积极回答问题

上课犯迷糊和打瞌睡的孩子们，不妨勇敢一点，在察觉到自己开始犯困的情况下，主动向老师申请站着听课。一旦站起来，全班有那么多双眼睛都会不自觉地“帮忙监督”一会儿，瞌睡虫就已经被吓跑了一半。在站着听课的同时，如果还能积极回答老师的提问，那就再好不过了。无论回答得是对还是错，都容易让头脑处于兴奋状态，在这种情况下，上课呼呼大睡哪是那么容易的事儿？

如果是因为天气太闷热犯困，不妨试试这些小方法

春天和夏天的时候，上课睡觉的孩子们特别多。其中很重要的原因就是温度偏高，这时候可以在课间休息的时候，用冷水洗把脸，或者去凉快点的走廊等地方吹吹风，再适当涂点薄荷油。采取这样一些小措施之后，上课就会清醒许多。

孩子输不起，灌输给他“不竞争”的意识

☺ 不拿孩子跟别人做比较，停止给孩子灌输竞争意识

☺ 允许孩子在输的时候体验失落感，让他认识到失败是生活的一部分

记得在一部有名的印度电影中，有这样一个镜头：新学期开始，某帝国大学校长重复自己 20 年都没变过的迎新致辞。几乎句句强调竞争：

“一出生就有人告诉我们，生活是场赛跑，不跑快点就会惨遭蹂躏，哪怕是出生，我们都得和 3 亿个精子赛跑。

“杜鹃从来不自己筑巢，它只在别人的巢里下蛋，要孵蛋的时候他们会怎样？它会把其他的蛋从巢里挤出去。竞争结束了，他们的生命从谋杀开始，这就是大自然——要么竞争，要么死……”

他说的对吗？可以说对错参半。适度的竞争意识确实能促使人努力提升自我价值，使人产生一定的成就感，但是过度的竞争意识却给人造成一定的焦虑和压力，消耗人的内心能量。而且从年龄上来讲，处于童年的孩子并不

是很适宜强调竞争意识的。童年的主要任务应该是内在的积累，即发展孩子的自由意志、幸福感等，使他们的内在强大起来。这就像冬天北方田地里的麦苗。它们在这个阶段重要的是积蓄内在的力量，能到春天的时候蹿一蹿。但如果此时过分生长，这种违背自然的行为就会带来灾难性的后果。但如今有很多父母都在做着这种违背自然，揠苗助长的事情。就拿天天的同学妞妞来说：

那天遇到她，看到她哭得稀里哗啦的。她妈妈在一旁安慰，但这安慰听得却不太对劲："妞妞别哭了，咱们就差三分，每天多比你同桌学习一个小时，我不信下次超不过她！"

我详细问了妞妞妈，才知道事情的原委：妞妞这次期中考试考了 97 分，而一向分数刚刚 90 分的同桌却考了满分。

"我听说你们家天天是 99 分，他都怎么学的？"妞妞妈问。

她这话让我非常吃惊："妞妞妈，99 分和 97 分只差 2 分，这分数又能说明什么？孩子们考试成绩多少分并不重要，重要的是知道错误原因，学到新的知识，发现更适合自己的学习方法。"

我试图安慰她，可她哪里听得进去，立马转移了话题："哎呀，我们一会儿还要去兴趣班练水彩画呢，另外今天还有半个小时的剑桥英语补习课。要知道，现在他们班第一名就是一直在上补习班呢！"

她寒暄了几句，就拉着脸上仍有泪水的妞妞匆匆赶在"竞争"的路上，妞妞瘦小的背影和妈妈踩着高跟鞋的妖娆背影很快消失在斜阳浅照的街头。

让这个年龄段的孩子扎进猛烈的竞争中，其实并不会造就孩子的强大，而是会削弱他内在的成长力量。这种始于童年的竞争很少有赢家。

不拿孩子跟别人做比较，停止给孩子灌输竞争意识

在这个年龄段不断强调孩子的竞争心理，不仅会使得孩子现在就输不

起，而且他会在这种对于得失的斤斤计较中丧失内在的大格局。平时不要动不动就说“别人家的孩子那么优秀……”“你比不上谁谁谁……”之类的话，父母不拿孩子做比较，孩子自然就不容易滋生过度竞争之心。让孩子明白，在学校里学习本身就已经是一件很快乐的事情，去享受学习知识带来的快乐远远胜过“赢得了谁”这么无聊的小事。

允许孩子在输的时候体验失落感，让他认识到失败是生活的一部分

只赢得起但输不起的孩子，一般都是过分争强好胜的。对于这样的孩子，父母要避免说教，试着理解他的感受，引导他明白失败和失望是生活的一部分，而且问题的关键是从中吸取教训，将事情做得更好。如果我们提到的妞妞妈妈这样做了，那么这次的“输不起”反而是妞妞成长的好机会。

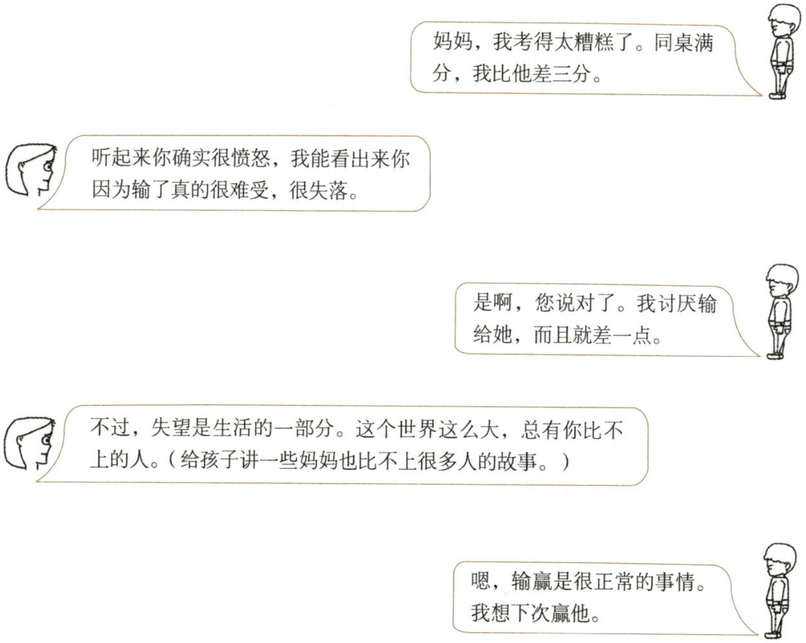

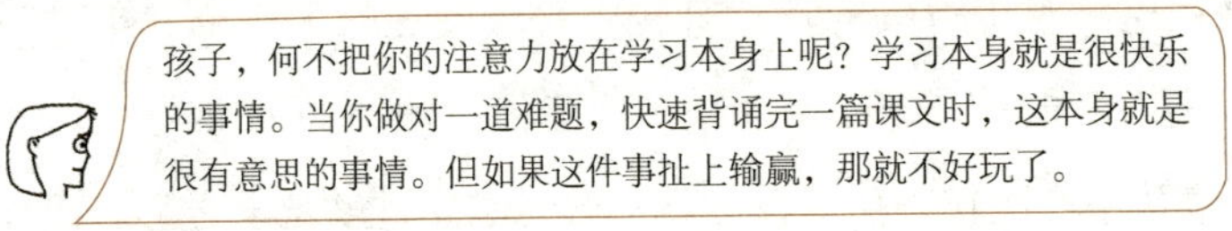

在这种亲子交流中，妞妞明白了学习本身远远比输赢本身更有价值，她淡化了“输不起”的不良竞争心理。为了不前功尽弃，妞妞妈可以多和妞妞玩一些合作性的游戏，并且要多多强调“如果你每次都想让我赢，就一点儿都不好玩了”。

Part 5

孩子不爱写作业，父母应该怎样做

孩子每天写家庭作业简直就是一次家庭“大战”。孩子写作业的时候总是会出现这些问题：记不全作业，拖拉，走神，不动脑子，边看电视边写，效率极低。父母不得不监督提醒，有时候忍不住还要发火。打住！对于不爱写作业的孩子，不如采用这些方法更有效：在写作业前聊聊学校里的事情；妙用错题本让孩子当“小老师”，利用“外部动机法”唤起孩子对作业的兴趣……

孩子对学习没兴趣，父母应注意沟通的方式

☺ 和孩子聊学校里的事情时，尽量选择一些和作业不相关的话题

☺ 爸爸妈妈在与孩子聊天的整个过程中，要尽量扮演好倾听者的角色

☺ 在恰当的时候，说一说关于作业的那些事

一位销售总监朋友说起一招百试百灵的销售术：遇到抵触心理比较严重的客户，一开始和对方接触的时候，不要谈产品，要多和对方唠唠家常，比如，美食、书籍、音乐、绘画等都是不错的话题。聊着聊着，对方的心理防线就减弱了，这时候再开始和对方说自己的产品，对方 90% 都会接受。这个简单有效的招数，用在不喜欢写作业的小孩身上，同样有意想不到的效果。就拿最近我帮过的一个小男孩来说吧：

小男孩的爸爸妈妈都是典型的大忙人。他们很少和小男孩聊天。但他们一直为小男孩提供较好的物质条件：进这个城市的重点小学，每周有三门很贵的才艺辅导课，每天有保姆接送上下学，有具有厨师资格的钟点工做饭，

每天有来自重点大学的家教老师来辅导……可是，就是这样的条件，小男孩的学习仍然是状况百出，典型表现是——每天都完不成作业。

“您说我们这种情况该怎么办？他就是那么懒散，专注力又差，没有学习兴趣。我要那种快速的办法！”小男孩的妈妈说话非常干脆，就连解决孩子的一些小问题，都是急功近利，要求速战速决的。

“我们来好好聊聊。您能再详细同我说说小朋友的情况吗？”我以缓和的语气询问她，试图请她更详细地说些孩子的事情，这样才好对症下药。

她抬起手腕，匆忙看了一下时间。她马上要赶飞机，就拜托保姆跟我详细说了孩子的情况，然后这女超人就“飞走了”。

我并没有问保姆，看到这样的妈妈，就知道这个不爱写作业的孩子心里肯定有很多秘密。我便和这个小男孩聊天。果真，他说出了实情：“同学们的爸爸妈妈都亲自检查作业，我的爸爸妈妈从来没时间；同学们的爸爸妈妈会耐心解答他们提出的问题，可我的爸爸妈妈从来不会；同学的爸爸妈妈会陪他们一起看看书，聊聊天，我的爸爸妈妈从来不会。他们只会给我贴标签：懒惰，没上进心，自制力差，注意力不集中……他们从来不知道为什么是这样……”

我从小男孩的口中得知这位妈妈习惯每天清晨第一件事是打开邮箱，处理所有的工作事宜。我就给她发了一封邮件。一阵见血提出了问题所在：你和孩子之间严重缺乏沟通，要想让孩子写作业，你必须使用这样一个“高效”方法：在孩子写作业之前，同孩子聊一聊学校里好玩的事情。这种方法几乎适合每一位和孩子缺乏沟通的父母。但要想让它真的很管用，得注意一些使用技巧。

和孩子聊学校里的事情时，尽量选择一些和作业不相关的话题

当父母得知孩子没有完成作业，或者家庭作业成绩太差时，不要直接询

问孩子:“为什么没有完成作业?”“为什么不好好写？”这样直接的提问方式，都是孩子比较抵触的，他们自然不愿意轻松说出原因，而且这种不当的提问方式还会使孩子比较厌烦家庭作业。

爸爸妈妈可以试着在孩子放学之后，和孩子聊一聊学校里发生的好玩的事情。这些与作业不相关的话题，反而能轻易消除亲子沟通的障碍，使得孩子更愿意谈谈和作业、学习有关的事情。父母可以和孩子聊聊这些话题：

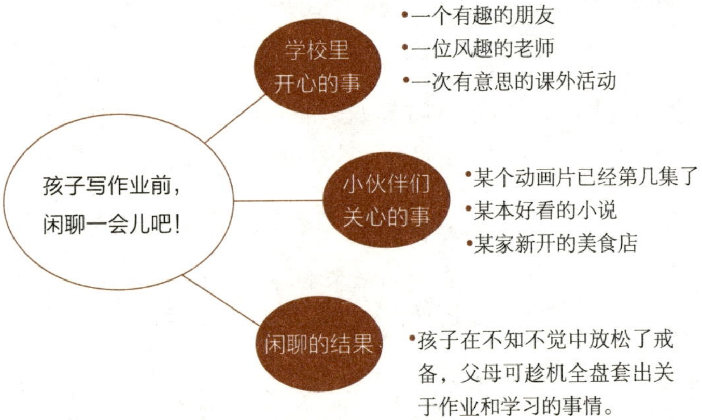

爸爸妈妈在与孩子聊天的整个过程中，要尽量扮演好倾听者的角色

爸爸妈妈在同孩子聊天的时候，一定要注意，要扮演好自己的倾听者角色，让孩子成为话题的主角。孩子一边说，父母一边用眼神或一些简短的话做出回应，表明自己在认真倾听。当孩子知道父母在认真倾听后，也更愿意滔滔不绝地说下去。这时候，他的心理防线减弱，抵触情绪几乎为零。

爸爸妈妈可以用这样的话来回应：

原来是这样啊……

听起来真有趣！

继续，继续，我很感兴趣……

真是太有意思了！

他们一定很……

也可以用这样的眼神来回应：

惊讶的眼神——表达“这么好玩啊”

微笑的眼神——表明对他说的事情很感兴趣

鼓励的眼神——鼓励让他继续说下去

在恰当的时候，说一说关于作业的那些事

在孩子说得很尽兴的时候，不要提出作业的事情，要鼓励他继续说完那些好玩的或有意思的事情。当孩子说得接近尾声了，这时候可以适当插入一些关于作业的事情。但也要注意技巧，不要单刀直入式地询问：“你作业怎么总是完不成?”“你作业怎么这么差？”而是要用委婉的语气询问：“老师留的作业量是不是挺大的，不容易按时完成?”“这几天的课是不是挺难的，所以不太容易理解，写作业的时候也就容易出错？”用这样比较委婉的方式询问，孩子更愿意心无芥蒂地和父母聊聊作业的事情。

孩子总抽空偷懒，不做孩子的监工更有效

☺ 当孩子遇到作业问题时，不妨说“休息休息，一会儿再写”

☺ 要注意在孩子写作业的过程中，父母的角色是“朋友”，而不是“监工”

周末的下午，我和天天一起去赵鹏飞家做客。赵鹏飞见到我们，忙拿出满满一碟子零食，又给我们斟果汁。一向调皮捣蛋的小家伙突然变得这么礼貌又殷勤，想必是有原因的。

果然，他是想逃过“作业”一劫。他开始同妈妈讨价还价，说天天是来找他一起玩耍的，不能怠慢了天天。不一会儿，赵鹏飞妈的大嗓门就开始了：“赶紧写作业，你看看你，如果再不写，明天都周一了！写完作业才能跟天天一起出去玩！”赵鹏飞朝他妈吐吐小舌头，扮个小鬼脸，突然和天天使了一个眼色，然后拉着天天就往外跑。

赵鹏飞妈是谁？那也是女超人，说时急那时快，她迅速跑到电梯处，一伸手就将瘦瘦的赵鹏飞拽回了书桌旁。嘴里还不停地唠叨：“你看你，没个

出息，你看人家天天……”赵鹏飞如坐针毡，噘着小嘴，小手还不停地转着笔。赵鹏飞的妈妈同我说，赵鹏飞写作业非常不专心，并且没有意志力，碰到不会的题目就打退堂鼓，干脆停下来不写了。记忆力也差，每次的背诵作业都让人着急上火。

看着这娘儿俩各自的反应，也便知道赵鹏飞不爱写作业的原因了。孩子在写作业的过程中，难免会遇到一些作业问题，诸如：很多生字词以前会但现在却忘了；不在状态，背不下来整篇课文；怎么也想不出这道难题的解决方法……在这些情况下，心情难免有点小小的波动。但如果这个时候，父母非但不理解他，反而要唠叨他，斥责他，打击他，无疑小小的孩子们就更抵触作业了，时间一长，就觉得写作业是一件非常让人不舒服的“差事”。

那么，父母怎么做，才能搞定孩子写作业中遇到的情绪问题，让他更喜欢写作业呢？可以试试这些办法：

当孩子遇到作业问题时，不妨说“休息休息，一会儿再写”

孩子在写作业的过程中，当遇到不会的题目或者作业量大写累了时，都会出现中断的现象，这很正常。在这样的一些时候，如果父母能够站在孩子的角度，对孩子的情绪感同身受，亲切地询问孩子：“你看上去有点累，休息休息吧！一会儿再写！”“来，吃些水果，一会儿再写！”当孩子吃水果和零食的时候，父母可以趁机打探他中断作业的原因。

如果孩子是因为作业量太大中断的，那就建议他吃完休息一会儿后，以很快的速度写，这样就避免了孩子拖延作业的行为。父母可以这样说：“你这么聪明，一定会早早写完的，写完作业后可以看看你喜欢的那本书。”

如果孩子是因为在作业中遇到难题才中断的，那么在他休息之后，父母可以参与到帮他解决难题的过程中。倘若题目对于这个年龄的孩子来说，真的非常难，可以建议他先做别的题目，将这个题目放到最后来一起解决。

如果孩子只是单纯地不想写，想拖延作业，那么父母可以来一些善意的提醒。不过这种提醒也是有讲究的：

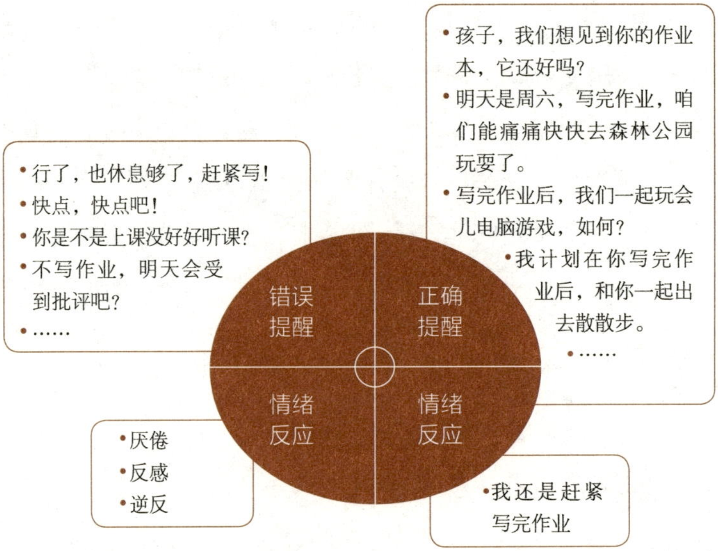

要注意在孩子写作业的过程中，父母的角色是“朋友”，而不是“监工”

由于现在孩子们的作业量普遍比较大，所以一般老师们也都会强调，让父母陪着孩子写作业，每天都要监督他完成当天作业。老师当然是一片好意，但是如果父母在陪孩子写作业的过程中，扮演的角色错了，结果可就南辕北辙了。

父母如果像监工一样，时刻关注孩子写作业的一举一动，稍有偷懒耍滑便不依不饶，那么孩子不仅仅反感父母，也会恨屋及乌，更加反感家庭作业。

父母的角色应该是朋友，陪着孩子写作业的时候，不要那么刻意关小孩子的举动，而是摆出一副和孩子一起“奋斗”的架势来。自己乖乖地坐在沙发上或者在孩子对面看书和工作。一旦孩子在写作业的过程中，遇到一些小情绪，父母这个“大朋友”就应该平静而温和地问孩子：“有什么我能帮忙的事情吗？”“今天发生了什么事情，能和我说一说吗？”“是不是遇到了难题？看看我这个超人是否能打败它！”

一句话，父母在陪着孩子写作业时，让孩子感受到的氛围一定是轻松、愉悦的，这样孩子写起作业来也才更有劲头儿。

孩子记不住作业，只需三招就解决

☺ 如果孩子对家庭作业比较抵触，那么就先解决他的情绪问题

☺ 用家庭作业合同书来帮孩子准确记下每天的作业项目

☺ 对于比较懒散的孩子们，不妨教他们用符号法记录家庭作业

经常有父母向我咨询这样的问题："孩子为什么总是记不住老师留的作业呢？"

这是一个虽然很常见却也让父母很头疼的问题。很多父母为了让孩子记住作业，也是费尽心机：给他准备一个专门记录家庭作业的本子；建议孩子干脆将作业记在课本上；孩子写作业前，给老师和别的父母打电话问家庭作业……有些学校为了避免这个小问题带来的种种烦琐，干脆采取统一管理，老师微信给父母，告诉父母关于家庭作业的具体项目。这样做大家都省心了，但却淡化了孩子对家庭作业的责任感和自觉力。

天天在上二年级的时候，有段时间也出现了这样的情况。事情是这样的：

那一阵子，天天的家庭作业量不多，每天都能很快完成作业。他告诉我学校最近在实行“减负”政策，我也就没有太在意。

有一天放学前，我突然接到他们班主任的电话：“天天小同学已经连续两周没有完成作业了！”我不太相信我的耳朵，再次询问详情，才知道，看似每天认真写家庭作业的天天，其实在“演戏”。学校哪有什么减负政策，只不过是他自己给自己减负罢了。

我有些生气，但是我并没有直接责问他，反而是请他去他喜欢的餐厅吃饭。他吃得很惬意，在他基本上吃饱了的时候，我说起很多孩子总是忘记作业的问题，以此来让他承认自己的错误。果然，这家伙中计了。他的手摸摸脑袋，小声说：“妈妈，想必老师告密了吧。我最近就是特别想玩，想看完那套《时间的褶皱》，所以……还有一个很重要的原因，老师留作业的时候，都是刚下课那会儿，太吵了。虽然老师会说好几遍，但我难免记不全。最近也懒得问同学了。”

我大致也明白了，孩子就是孩子，他最近就是对学习没兴趣，对玩耍感兴趣。很多孩子也像天天一样，经常或只是在某段时间会记不住老师留的作业。对于这个问题，我给大家提供三种有效的解决方案。

如果孩子对家庭作业比较抵触，那么就先解决他的情绪问题

有些孩子怎么也记不住家庭作业，其实并不是真的记不住，而是对家庭作业存在抵触情绪。原因无非是：对某门功课不感兴趣或者对某个任课老师不认可，从而不喜欢某项家庭作业；在学校里遇到了一些麻烦，心情很不好，没心情好好记录家庭作业。父母要先解决孩子的这种情绪问题，耐心询问孩子在学校里发生的一些事情。如果是听不懂老师讲课，父母就额外花时间去辅导孩子这门功课；如果是讨厌任课老师，父母可以鼓励孩子多多发现老师

的优点，多多和老师交流。总之，先解决情绪问题。只有情绪问题解决了，准确记下家庭作业也就成了一件简单的事。

用家庭作业合同书来帮孩子准确记下每天的作业项目

对于合同书，父母们恐怕都是再熟悉不过的，工作需要签合同；和客户谈项目需要签合同；就连有时候换个家具还有合同书。合同书的目的也无非是让合同双方都遵守一定的协议，履行一定的责任和义务。和孩子签订一份家庭作业合同，看似简单，其实是有很多因素需要考虑的：合同书的目的一定要明确，是为了约束孩子的行为，督促他自觉、有效地完成家庭作业；合同的内容也要比较容易履行，这样在具体执行的时候，孩子就不容易中途放弃。这里有一份我和天天一起制定的合同书，大家可以作为参考。

家庭作业合同书

甲方：天天

乙方：天天妈

具体内容：

1. 每天都要将家庭作业详细记在本子上；如果记不全，可随时问老师或同学。

2. 如果连续一周准时完成作业，周末两天怎么过，天天说了算。

3. 关于家庭作业的所有事情，不能说谎。

4. 完成作业必须是晚上九点之前，之后不允许再写任何作业。

补充条款：略

双方违反合约的情况下：

天天如违反，则需要帮家里打扫卫生一周；天天妈如有违反，则需当月赔付天天双倍零花钱。协议自签字之日起生效。

签字人：天天 天天妈

20××年×月×日

对于比较懒散的孩子们，不妨教他们用符号法记录家庭作业

很多孩子之所以总记不住老师留的家庭作业，是因为他们觉得用笔一条一条记录下来非常麻烦，他们懒得记。这种情况下，父母可以建议孩子用一些简单的符号来记录家庭作业。比如，语文作业是背诵当天课文第一段和第二段，并默写。孩子只需要用两个简单的符号在书上做标记就行。把※标在第一段和第二段，表明是需要背诵的段落；然后用△再做一下标记，表示要默写这两段。

孩子总马虎，妙用错题本来帮忙

☺ 按照每次错题的类型，进行分门别类

☺ 标明错误原因，并写出正确的解题步骤和思路

☺ 鼓励孩子经常翻看错题本或者与同学交换看错题本

天天几乎每天放学都会跟我滔滔不绝地讲学校里好玩的事情，今天例外。他噘着小嘴，一声不吭，同我一起走一段鹅卵石的路。我问起他好朋友大虎的事情，没想到他一下子就发脾气了："妈妈，别提他，我不理他了！"一问详情才知道，原来是这回事儿：天天今天知道，消失了好几天的错题本原来是朋友大虎悄悄"借走"了。

错题本可是天天的宝贝。二年级时，他特别马虎，经常因为不细心做错题，不仅仅如此，以前错过的题，不懂的题，还会一遍又一遍再次出错。在这种情况下，我们就开始实施错题本策略了。没想到这错题本特别有效，天天经常从里面"淘金"，学习成绩从此进步特别多。

最近一段时间快考试了，天天的错题本却突然人间蒸发了，玩起了“失踪”。天天到处找错题本，甚至将家里翻得底朝天，最终还是没有发现错题本。他不知道是谁“偷”走了他的错题本，甚至发起了“寻宝贴士”。

就在他打算重新做一个错题本的时候，今天早晨，他突然发现消失了一周的错题本放在了自己的书桌上，里面还附有一张纸条：“天天，我为了搞考前突击，拿了你的错题本，还没来得及告诉你，谁知你就发起贴士，寻找‘小偷’。吓死本宝宝了，本宝宝藏了好几天，还是决定‘负荆请罪’。这周六一起吃关东煮去哦。大虎。”

知道了事情的原委后，我并没有多说什么。还是让孩子们自己去处理这些事情吧，我知道明天或后天他们又会像从前一样说笑。大虎并不是一个爱学习的孩子，究竟天天的错题本里藏着什么大宝贝，能让他也痴迷地“借”来淘金呢？

其实，天天的错题本并不是单纯地记录下错题，它是非常有条理的，各种错题进行了分类不说，每个步骤和解析也都是非常详细清晰的。可谓一看就懂，一学就会。

下面就告诉父母们一些简单的方法，帮孩子创制出一种高效的错题本，从而大大提升他的学习力。

按照每次错题的类型，进行分门别类

对于小学初年级的学生来说，错题的原因主要有三点：

（1）题目会做，但是因为粗心无意中做错了题。

（2）对题目不是特别懂，有点似是而非的感觉。

（3）一点都不会做，老师没讲过类似的题，超出课本范围的难题。

父母可以建议孩子按照这三种错误原因，将错题分为三个区。

标明错误原因，并写出正确的解题步骤和思路

如果孩子只是简单地将错过的题目抄写在错题本上，不批注错误的地方以及错误原因，那么错题本就是没有价值的。找到问题出在哪里，分析问题，解决问题，具备这三点才是错题本的价值所在。我们举个简单的例子：

一区

例题6：一家图书公司二、三月份共出书80本，四月份出书60本，七月份出书50本。求这四个月平均每个月的出书量。

解析错误：

（80×2+60+50）÷4

=（160+60+50）÷4

=270÷4

=67.5（本）

答：这四个月平均每个月的出书量为67.5本。

这道题是因为审题大意犯错的。解题思路正确，即先求出总和，再求出月平均产量。但是，将“二、三月份共出书80本”，理解成“二、三月份平均每月出书80本”就是错误的。

正确解题过程：

（80+60+50）÷4

=190÷4

=47.5（本）

答：这四个月平均每个月的出书量为47.5本。

鼓励孩子经常翻看错题本或者与同学交换看错题本

有些孩子虽然也认真地做了错题本，但是却很少再次翻阅。其实错题本只有在不断翻阅中才能发掘出它更高的价值。这是因为在多次查看错题的过

程中，那些曾经掌握不好的知识就会得到进一步巩固。一般来说，父母可建议孩子每周或隔周翻看一遍错题本。当然，父母也可建议孩子多与同学们交换看错题本，在这种分享错题的过程中，孩子能够及时查漏补缺，别人做错过的题目，自己也会重视起来，避免被同一块石头绊倒。

孩子爱走神，不妨让他当回“小老师”

☺ 每天只讲一个科目，且提前和孩子预定好

☺ 营造有利于“小老师”临场发挥的氛围

☺ 让孩子像学校里的老师那样，直接站着讲解，不能看参考书

☺ 看课文和课堂笔记，再重复讲一遍

蜜桃妈颇为蜜桃的走神问题苦恼。她说老师为了防止蜜桃走神，常常会在课堂上叫她起立回答问题。这样子，上课走神的问题勉强解决了。可蜜桃在家写作业的时候，总是不自觉神游。一会儿去吃零食，一会儿看看窗外的小鸟，一会儿哼起了歌儿，这样下去，作业写得慢不说，每次的作业总是反复出错，甚至在抄写课文时，还出现了“熊大”“光头强”等字样。

孩子写作业总走神，一般说来无非是存在这样一些问题：

小学低年级的孩子们注意力时间偏短，每次也就能持续 20 分钟左右；

孩子对作业不感兴趣，有应付差事的嫌疑；

孩子缺乏写作业的动力，没有为自己写作业的概念。

实际上，不管孩子因为什么原因在写作业的时候走神，用一个简单的方法就能纠正。这就是：让孩子当“小老师”。关于这种方法，已经在很多孩子身上得到了验证。我的第一个实验者是儿子天天。

他有段时间写作业的时候也经常走神。有一次突然问我：“霍金、爱因斯坦、卓别林怎么都是犹太人？”

我知道他写作业走神了，并没有责怪他，跟他讲起犹太人的优秀：“犹太的名人非常多，天天，你知道吗？这个世界上，大约每五百人中才有一个是犹太人，但是在获得诺贝尔奖那些名人里，每四个人中就有一个是犹太人。”

天天惊讶地睁大了眼睛，他放下笔，双手托腮在想这个问题，随后问我：“犹太人怎么这样了不起？”

我顺势利导：“那是因为犹太民族是一个爱学习的民族。”我突然想起曾从一本关于教育学的书中看到过，犹太小孩在做家庭作业时，常常用“对面”学习法，这是一种相当高效的学习法，能大大提升学习能力。简而言之，也就是说让孩子当老师来讲课，父母坐在孩子对面当学生。我不太确定这种方法的实际效果，但也愿意尝试，于是趁热打铁让天天当“小老师”。

但当“小老师”说起来轻松，做起来却是很难的。正所谓“台上一分钟，台下十年功”。不过如果懂得一些技巧就容易多了。这里也将这些技巧分享给大家。

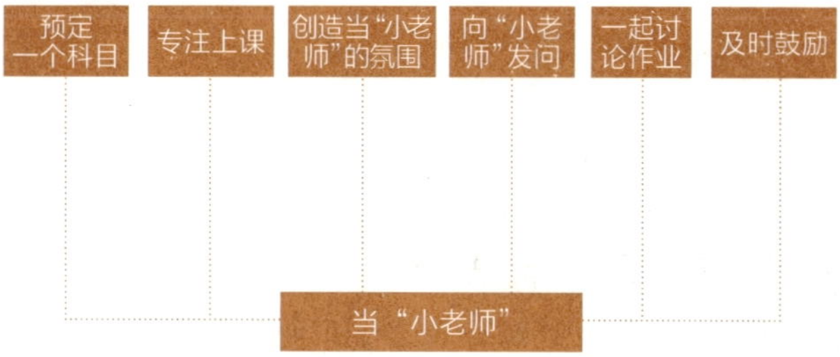

每天只讲一个科目，且提前和和孩子预定好

想让孩子给父母当“小老师”，以此来促使他对写作业产生兴趣，父母必须要在一开始就让孩子体验到一种成就感。父母可以提前跟他预定他晚上回家后要讲的科目，且每天只讲一科。这样就给了孩子足够的准备时间。孩子在第一次或刚开始当“小老师”的时候，如果有美好的体验，就更喜欢这种学习方式。比如天天一开始当“小老师”的时候，我和他爸爸在每天早晨会提醒他：“今天我要听数学课！”我们提前告诉他，那样他在学校听数学课的时候就会很专注，且数学是他擅长的科目，讲自己擅长的科目当然更有利于培养当好“小老师”的自信心了。

营造有利于“小老师”临场发挥的氛围

孩子放学回家后，不要立即督促他当“小老师”。可以选在孩子吃过晚饭，写完所讲科目之外的作业后。如果是一回到家中就让他立即扮演老师，很容易让孩子感觉到紧张，进而影响他的临场发挥，那样他就会对这种方法不感兴趣了。

我一般是这样做的：等天天做完语文作业和英语作业，吃完晚饭，稍微休息一下，然后“小老师”就开始讲课了。当然，我在他讲课之前，会在他的书桌旁放上一些他喜欢吃的零食和水果。我们自己也会稍微看一下数学书，做一遍他的数学家庭作业，这样我们就清楚地知道，在接下来“小老师”讲课时，如何有效向他发问。当“小老师”讲完课，大家的作业时间就开始了，爸爸妈妈要故意装作有很多问题不会，和“小老师”一起写完作业后开始讨论。

让孩子像学校里的老师那样，直接站着讲解，不能看参考书

当孩子讲深时，不要让他按照参考书或辅导书上讲，而是建议他像老

师讲课那样叙述今天的某科目的课堂内容。这样做的目的是可以有效检验孩子当天在这个科目的学习中，到底掌握了多少知识，有没有理解透彻。在孩子讲课的时候，要鼓励孩子像老师那样详细地，一点一点讲清楚知识细节。孩子在模仿老师讲课的过程中，出现一些卡壳现象是很正常的，爸爸妈妈不要对孩子要求太高。孩子如果能坚持讲到最后，就已经相当值得褒奖了。

看课文和课堂笔记，再重复讲一遍

如果孩子在讲课的时候，出现很多次中断的现象，这说明他对当天所学的这个科目掌握得不是很好。父母可以建议孩子再看一遍教科书和课堂笔记，然后重新讲一遍。经过这样一个重复的过程，孩子就会记牢那些没有掌握或掌握得不熟练的内容，巩固当天所学到的知识。

孩子逢考必挂，及时教孩子一些应试小技巧

☺ 抓住出题人的心理，明白他想考倒哪些孩子

☺ 无论是期终考试，还是周测月测，都是错题本立功的好机会

☺ 孩子没有掌握的知识点，父母可像老师那样讲解，然后让孩子重复讲述

前一阵子，新搬来的邻居家的小女孩小云，经常来找天天一起写作业。差不多有两个星期的时间没见过小云了。“天天，小云怎么最近没来？”

“她啊，最近老师总是批评她呢，她都不写作业了！”天天说完，继续看他的《地心游记》。他突然又想起了什么似的，合上书，告诉我：“妈妈，在我们班，小云每周的测试都不及格，我好几次都见到她妈妈使劲训斥她呢！”

该帮帮这个小女孩了。我知道她是单亲家庭，妈妈为了家里的生计，除了白天在一家公司工作，下班后还给人家兼职做设计师，十分繁忙，周末小

云都是托给钟点工照顾的。我只好在周二晚上，邀请她们来我们家玩。小云的妈妈说起小云的情况，非常内疚，眼睛里有什么东西微微闪光。她说她也知道小云刚转校，还没有适应环境，这两个月来，学校里大大小小的测验，让小云对学习失去信心了，她根本不想写作业。

我告诉小云的妈妈一些方法，没想到两个星期后的一天傍晚，她登门来访，专程致谢。其实，因为每次测验成绩差而由此讨厌上课，讨厌写作业的又何止小云一人？他们起初并不是讨厌学习的，之所以后来讨厌学习和作业，是因为他们对学习和作业的兴趣都被大大小小的测试破坏了。

对于这些孩子，当务之急是重新唤醒他们对学习和家庭作业的兴趣。不妨从告诉孩子一些简单的应试技巧入手。这里就和诸位父母分享一些具体的方法。

抓住出题人的心理，明白他想考倒哪些孩子

在考试之前，一般的孩子们都会搞题海战术，做大量的题，或者耍点小聪明，进行压题。可是搞题海战术很容易身心疲惫；盲目压题压中的概率赶得上玩彩票。孩子们一旦屡次考砸，受到一次次打击，就开始厌烦考试和作业。其实临近考试的时候，与其猜题压题，不如去研究一下出题人的心理，可谓“知己知彼，百战不殆”。

一般来说，小学初年级的老师有什么样的出题心理呢？我们先分析孩子们考试成绩差的原因。小学的知识相对简单，孩子们之所以考不好，多是因为粗心马虎，心不在焉，不理解题目要求，学过的知识点没有掌握牢固所致。而考试要考倒的就是这类学生。

父母可以给孩子举出一些例题来，让孩子自己来分析。比如我们拿一道应用题来说：

王奶奶准备了很多空瓶子，买来辣椒做辣酱。已知每个瓶子里能装2.5千克辣酱，而王奶奶做了25.5千克辣酱，那么至少能装多少个瓶子？

A. 10　　B. 11　　C. 12　　D. 10.2

父母同孩子分析题的时候，可以看出这里面是有一些陷阱的。没有掌握好小数点计算的孩子，马虎的孩子，思虑不周的孩子都会被难倒。孩子们只要多去揣测一下出题人的心思，考试的时候，自然而然就会小心一些，尽量去避开这些陷阱。

无论是期终考试，还是周测月测，都是错题本立功的好机会

其实，无论是小小的周考，还是期末考试，多看看错题本是非常有益的。如果孩子的错题本记录的错题很清晰，并指出了出错原因，孩子在看这些题的时候，就能更有针对性，在考到同类型题时，也容易避免犯同样的错误。

这里还有一个方法，父母可以在每个月的时候，抽出一些时间，专门针对孩子错题本上题目错误的原因出一些类似的考题。这样可以有效检验孩子对所学知识的掌握程度，是查漏补缺的好方法。

孩子没有掌握的知识点，父母可像老师那样讲解，然后让孩子重复讲述

孩子以前做错过的题目，并不都是因为粗心马虎或者走神了而出错的，有的是因为孩子当时就没有听懂老师讲解的知识点，也有的是因为孩子本来就是似懂非懂的，隔了一段时间后，就对这个知识点更加模糊了。

父母可以自己来充当老师的角色给孩子进行详细讲解，为了加深孩子

对这个知识点的理解，可以是父母先讲一遍，然后让孩子再重新讲述一遍。通过父母和孩子两次讲述，父母能清晰地知道孩子是否已经完全掌握了这个知识难点。如果孩子能掌握好，那么在碰到类似的题目时，就不会因为一知半解而出错了。

孩子抄袭作业，父母要理性对待

☺ 第一步：告知孩子抄袭作业的种种害处，让孩子意识到这种行为不好

☺ 第二步：了解孩子抄袭作业的内在动机，采取对症下药的策略

☺ 第三步：采取适合孩子的惩罚方法，不妨试试“不允许写作业”法

抄袭作业这种现象，可谓经久不衰，源远流长。它自古以来就不是什么新鲜事。古代私塾的时候，学生为了完成老师留下的作业，往往是找来几位同窗好友，互相借鉴文章，或者出高价，让班里的才子帮自己写作业。每当考试的时候，有人为了取得好成绩，也是费尽心机，将小纸条藏在袖子里，或者干脆放在胸前。趁老师背着胳膊走来走去的时候，就悄悄拿出来抄袭。

从古至今，关于抄袭，老师们也是脑洞大开，想出各种方法来发现或惩罚作弊学生。可是，只要有作业和考试存在，就很难彻底杜绝这种现象。事实上，就连我们家天天这样算是比较有自觉力的孩子，有时候也不免会犯一两次小小的糊涂。

那天，听说抄作业的孩子中居然有天天，并且连续一周都抄作业！我和天天爸目瞪口呆。眼瞅着天天每天放学后准时坐在书桌旁写作业，怎么会有抄袭现象？天天爸认为一定是搞错了，可是当看到天天和多多的作业一模一样，尤其是那些应用题出错的地方，错误的步骤都是一样的，也就没什么疑惑了。孩子们就是这样儿，每每当你觉得他最近长大了不少，感到知足的时候，就会突然间冒出那么一两件不省心的事情。好在我们也有的是办法。

想让孩子杜绝某种不良行为，就要先了解孩子为什么有这样的行为，然后对症下药才有效。一般来说，孩子们抄袭作业主要有这四种原因：

（1）贪玩忘了作业。爱玩是孩子的天性，可是也有一些孩子因为太贪玩，忘了作业或没记住作业项目。为了掩人耳目，到了学校，马上展开抄袭行动。

（2）作业量超出了承受范围。孩子们数学都不差，在作业量和玩耍时间之间，永远计算得清清楚楚。这样一来，抄袭作业就成了一条捷径。

（3）懒得思考。有的孩子不爱动脑筋，觉得抄袭别人的作业很“省心”，于是就有些犯懒，开始抄袭。

（4）根本就搞不懂这些题目怎么写。有些孩子并非愿意抄袭作业，而是写家庭作业的时候实在是困难重重。又不敢问老师、父母和同学，生怕被嘲笑，因此就开始抄袭。

父母要针对孩子的不同情况来实施不同的策略。不管是哪种性质的抄袭，父母在处理这个问题的时候，都可以分为这样三个步骤：

第一步：告知孩子抄袭作业的种种害处，让孩子意识到这种行为不好

知道孩子有抄袭作业的行为后，父母可以平心静气地和孩子谈谈抄作业的坏处。诸如：经常抄作业，就更加懒于思考，思维一旦变懒了，就不能及

时消化所学知识，成绩也就会受到影响；经常抄作业的孩子，其纪律性会越来越差，慢慢地就成了班里拖后腿的家伙，那样大家就会对他有偏见。父母在同孩子说这些的时候，注意态度上要和善且坚定，不要掺杂训斥和责备的成分，否则孩子很容易产生抵触情绪，就不能将这些话放心上。

第二步：了解孩子抄袭作业的内在动机，采取对症下药的策略

我们说过，孩子抄袭作业主要有四种动机。针对不同的动机，父母可以采取不同的策略。父母可以试着这样做：

1. 贪玩忘了作业

给孩子制订一个时间表，或者制订一个每天作业计划。让孩子明白，按照时间表完成作业任务后的玩耍才尽兴。

2. 作业量超出了承受范围

对于那些价值偏低的作业，比如抄写很多遍生字词，父母可以同老师商量能否减少一些。

3. 懒得思考

鼓励孩子自己思考解决问题，孩子一旦苦思冥想做出题目，要及时给予鼓励。注意鼓励的话语要具体说出来，比如，“你用这种方法解决这个难题，妈妈认为你很聪明。”

4. 根本就搞不懂这些题目怎么写

父母每天抽出半个小时，专门用于帮孩子分析作业难题，同孩子一起寻求多种解题方法。

第三步：采取适合孩子的惩罚方法，不妨试试“不允许写作业”法

这一步是相当重要的，父母必须让孩子通过接受相应的惩罚，意识到

抄袭作业是种错误的行为。如果没有这个步骤，那些自尊性并不强的孩子，还会继续抄袭行为。但是惩罚也需要讲究策略。有的父母采用罚站、不许吃饭等方法，不但起不到作用，反而激怒了孩子，使得前面所有的努力都白费。父母不妨反其道而行之，试试“不允许写作业”这种惩罚方式。我说一个简单的生活片段：

天天出现抄袭作业行为后，我对他的惩罚措施是“一周之内不许写作业！”天天起初还特别高兴，他巴不得不写作业。可是后来他发现自己很快成了班里的异类，心里就越来越不舒服，过了一周，他主动要求每天按时写作业，他说：“抄袭本身不难受，不写作业的滋味才是让人受不了的。”

孩子的作业丢三落四，利用“外部动机法”

☺ 用孩子真正喜欢的东西或事情来作为外部动机，激发孩子的内在干劲儿

☺ 使用“外部动机法”时，也需要一定的方法和技巧

相信很多家长都碰到过这样令人头疼的事情：孩子不爱写作业，或者一边做一边玩，必须家长陪在身边三令五申才能有点微效。对此，家长操了不少心，心中烦乱却又手足无措。

实际上，没有哪个孩子天生就是喜欢写作业的，天天也不例外。他在写作业上偶尔也会出现一些小小的插曲。

有那么一阵子，天天的作业效率相当高。每天几乎都是用一个小时就能轻轻松松写完全部课程的作业。我看到他的作业记录本，发现他的作业量的确减少了。询问经常和他一起写作业的赵鹏飞，发现他们的作业量确实少了，也就没怎么将这件事放在心上。

直到有一天，老师在微信交流中，提到一个问题：班里有那么一些孩子

写作业总是丢三落四的，而且很奇怪的是，他们像是商量好了似的，都是同样的题目没有写。

很显然，他们的确是商量好了。我询问天天他们为什么要这么做，故意欺骗父母，故意偷懒少写作业？他竟然说："写作业是件很麻烦的事，尤其是生字词，枯燥乏味；还有那些简单的题目，感觉特别没有必要去写；另外，老师留的作文也不是每篇都看，所以也有了偷懒的想法，反正缺一两篇，老师也发现不了。"

对于不爱写作业的孩子，父母如果单纯地用说教法，是很难有好的效果的。想必写作业的好处和种种道理，父母或老师也都是反复强调过的。孩子如果下定决心抗拒作业，就是再多的说教，效果也只是事倍功半，甚至还容易引发孩子的反感心理。

这时候，不如试试"外部动机法"来重新调动孩子的学习热情，让他喜欢上写作业，从而大大提高其写作业的自觉性。

所谓的"外部动机法"，是指不是由活动或事件本身，而是由与活动或事件相关的外部刺激因素诱发的动机。比如，一个孩子最初可能不喜欢画画，但是他为了得到父母的表扬或者为了得到老师的关注，就开始练习画画，结果他逐渐在练习画画的过程中喜欢上了画画，比起当初得到的表扬和关注，他现在更喜欢画画本身带给他的乐趣。这时候，促使他学画画的外部动机就已经转变成内部动机了。那么，如何运用外部动机激励孩子的内在干劲儿呢？这里面还是有一些讲究的。

用孩子真正喜欢的东西或事情来作为外部动机，激发孩子的内在干劲儿

父母要想充分利用外部动机来激发孩子写作业的内在热情，就必须注意，这外在动机一定是孩子感兴趣的东西或事情。天天当初不写作业，我是

这样利用“外部动机法”唤起他内在写作业的热情的。

他一直喜欢玩飞盘，可是家里的飞盘已经旧了。于是我同他商议：每天完成作业前，都有一次抽奖机会，每个星期有一次机会能抽到飞盘，一旦抽到，他就可以收集一个自己喜欢的飞盘。每次抽奖，除了有抽到飞盘的机会，还有抽到五彩橡皮、田园彩绘笔等机会。这些小玩意儿也都是他喜欢的东西。

这样一来，他为了收集各种图案和各种样式的飞盘，每天都会专心高效地完成作业，再没有偷懒耍滑的行为。两个月后，他收集到了八款不同图案的飞盘。此时，他写作业的内在动机也逐渐被唤醒了，他已经不单单是为了得到飞盘了，而是因为写作业有助于他更牢固的掌握知识。另外，如果专注地写作业，就会发现写作业也能很有趣。

使用“外部动机法”时，也需要一定的方法和技巧

有些父母可能要说了，“外部动机法”听上去高大上，简单地说，不就是物质奖励嘛。告诉孩子：“你如果做到了……就会得到……的奖励。”“你如果按照父母的要求……就能得到……”

必须指出，如果这样使用“外部动机法”，就大错特错了，很容易导致孩子将注意力和兴趣点放在要得到的“物质”上，而不是自己正在做的事情上。这种错误的方法不是“用东西来吸引孩子”，而是通过贿赂的方式让孩子去做某事。

正确的做法应该是，父母在与孩子沟通的过程中，不要强调物质，而是要强调孩子正在做的事情。将孩子的关注点和兴趣点放在作业上，而他感兴趣的东西，只是作为一种附加值出现。比如，父母可以用这样的方式来引导：

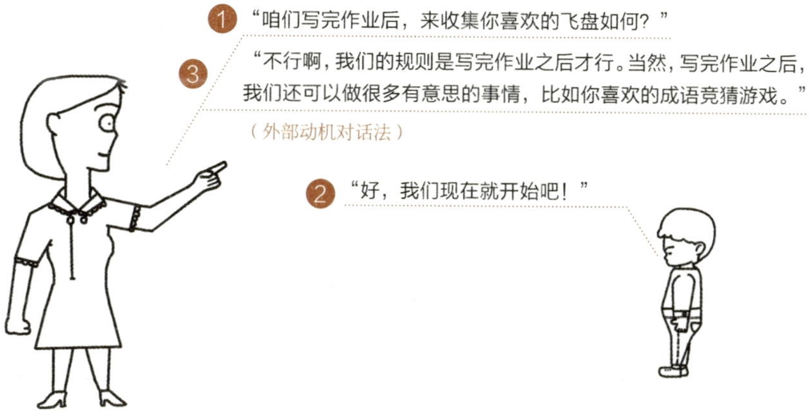

对话结果：孩子开始写作业了。（注意当孩子写完作业后，妈妈要兑现承诺。）

在这个过程中，父母需要注意多多夸赞孩子的作业写得好，孩子写作业的时候如何专注，等等，尽量不去提及物质。这样，慢慢地，即便一开始用的是“外部动机法”，但时间一长，孩子自觉学习的内部动机就成了主导动机，那样孩子就会逐渐开始对写作业这件事情本身感兴趣了。

孩子写作业不用脑，教他“思维导图作业法”

☺ 第一步：绘制作业思维导图需要准备的工具

☺ 第二步：思考出每天各科作业的主题和主要的分支内容

☺ 第三步：在主要分支内容上，用关键词填写更小的分支

很多父母都跟我反映过这样一个问题：孩子平时的确也能按时按量完成作业，但是孩子貌似只是为了完成作业而完成作业。写作业只是一件简单的差事，似乎并没有帮他巩固知识的作用。为什么会出现这样的情况呢？

一方面，这个年龄段的孩子不知道写作业为了什么，或者说不知道写作业是为了谁而写；另一方面，孩子们写作业的时候，并没有太多的目的性，没有思考过自己写作业是为了掌握哪些知识，为了提升哪些能力。

对于第一种情况，父母只要多加引导孩子，让孩子明白写作业是为了自己，而不是为了老师和父母。孩子一旦意识到这个问题，就能自觉纠正。而对于第二种情况，则比较复杂一些。我曾接触过很多这样的小孩，也给父

母们支过很多着儿，其中简单有效的莫过于“思维导图法”。

印象比较深的是，有一个小男孩卡卡就是典型的懒小孩，从来懒得思考问题，表现在作业方面就是只动手不用脑，写完的作业一会儿就忘。他爸爸说卡卡写生字词的时候是很认真的，可是写完之后，掌握的情况并不好。写数学题，明明做得挺好的，但过几天，写过的东西仿佛都被什么东西吃掉了，他早就忘了自己曾用过老师讲的方法来解题了。

卡卡的爸爸说，自己曾在网上和一些教育类书籍上找过方法，他也采取过一些措施，比如，用卡卡喜爱的零食提升他的学习兴趣，采用积分制来激励卡卡更专注地写作业……可是所有的方法在别的孩子那里是灵丹妙药，但到了卡卡这里，就等同于鸡肋了。怎么办？

对于只用手不动脑的小孩来说，并不是他天生就缺少思考力，也并不是他真的懒到根本就不愿动一下脑子，而是他在写作业的时候，并没有太多目的性，只是为了写作业而写作业，根本就不知道写作业这个过程能让他得到什么。在这样的情况下，父母可以协助孩子在写作业之前制作一幅作业思维导图，以此来帮孩子在写作业的过程中明确目标，让写作业真正能发挥效力。那么这种作业思维导图如何绘制呢？

第一步：绘制作业思维导图需要准备的工具

绘制作业思维导图的时候，要提前准备好这些工具：几张 A4 白纸，一套 12 色或 24 色绘画软芯彩笔，几只不同颜色且色彩比较鲜亮的涂色笔。

第二步：思考出每天各科作业的主题和主要的分支内容

在一开始的阶段，父母可以和孩子一起去思考各科目老师所留作业中的主题，以及这个大主题所包含的分支。父母可以和孩子一起，用喜欢的图形来表示大主题。我们一般称这个图形为中央图。中央图确定并绘制出来后，可以用不同颜色的涂色笔来粗线条勾勒出各个分支，并用数字表示出大分支的前后逻辑顺序。

第三步：在主要分支内容上，用关键词填写更小的分支

在大的分支内容上填写一些小的分支，可用关键词表现出来，也可以顺便绘制一些小小的插图，更有助于记忆。注意小分支线条的长度要尽可能长于关键词，在做完小分支后，可以适当地加入外围线，以便于更清晰直观地看到不同的主题内容。

经过这三步，简单的作业思维导图就做好了。在孩子写作业之前，大致浏览一遍；写完作业之后，再逐一对照是否掌握了思维导图中的内容。坚持一个月左右，孩子在写作业的时候，就会明确知道写作业的目的，写起来不仅更专心，写完之后，也能有针对性地掌握更多知识，将写作业的效能发挥到极致。

孩子写作业拖拉，切忌催促不停

☺ 孩子做事情有自己的节奏，磨磨蹭蹭并不值得屡次强调

☺ 送孩子一块手表，强化孩子的时间观念

☺ 和孩子一起制订一个写作业时间表，增强他的学习计划性和条理性

☺ 给孩子规定一个“截止时间”，一旦超过时间，作业必须喊停

☺ 偶尔来一次小小的“考试游戏”，作业又好又快

爱唠叨的蜜桃妈滔滔不绝地说起她家蜜桃的严重“拖延症”：

每天放学后一直到入睡前这段时间，催促蜜桃完成作业已经成了她的例行公事，要知道这实在是一项繁重的任务。蜜桃写作业的时候，总是不够专心，动不动就望着窗外走神，蜜桃妈赶紧催促：“别愣神，赶紧地！”蜜桃好不容易写完了英语，要写数学了，可是一想起数学作业量有点大，就不想动笔了。蜜桃妈见状又是一番催促“快点，写完算了”“这孩子，就不能快点嘛”……

蜜桃妈因为每天不停地催促蜜桃写作业，自己已经患了慢性咽炎不说，还患了轻度焦虑症，总有点担心爱拖延的蜜桃长大了以后可怎么养活自己！

我笑她这是杞人忧天。其实，孩子在写作业的时候有“拖延”现象，这几乎是每个父母都会遇到的教育问题。如果方法不当，甚至会加重孩子的作业“拖延症”。蜜桃妈妈这种不停的催促就是如此，自己费劲，孩子心里也抵触。其实想“治愈”孩子的拖延症，何须这样大费周折？简简单单几种方法就能搞定。

孩子做事情有自己的节奏，磨磨蹭蹭并不值得屡次强调

成人和孩子的生命节奏是不一样的。孩子们有自己的生命节奏，表现在做事情上也是如此。他们喜欢按照自我感觉舒服、顺畅、自然的节奏来做事情。如果父母经常催促孩子，不仅会打乱孩子做事情的节奏，而且会影响孩子的激素分泌和身心健康。经常被打乱节奏的孩子，会比较容易走向两个极端：要么早熟且没有耐性；要么就是更加拖延，反应迟钝。父母要想让孩子养成不拖延的好习惯，前提是减少催促，或者尽量不催促，要对孩子多点耐心，让孩子从从容容地做自己的事情。

送孩子一块手表，强化孩子的时间观念

孩子有拖延的习惯，很大程度上也是因为他们年龄小，缺乏时间观念，甚至有些孩子根本就没有时间观念。父母可以送给孩子一块手表，让孩子准确感受到时间的流逝与变化，慢慢增强自己的时间观念。但是在送给孩子手表的时候，父母也是需要注意一些方法的。如果仅仅因为孩子没有时间观念，就直接送给他一块手表，孩子们会容易出现抵触情绪，认为父母是在惩罚他没有时间观念。父母不妨这样做：在孩子的生日或某个节日里，带孩子去钟

表柜台或在网上挑选一块他喜欢的手表，让孩子拥有这块手表成为一种美好的经历。为什么一定是他自己喜欢的？因为只有这样，孩子才会经常戴着，才会时不时抬起手腕看看时间。

和孩子一起制订一个作业时间表，增强他的学习计划性和条理性

对于小学初年级的孩子们来说，很多孩子对学习并没有计划性，也缺乏条理。这使得他们面对各科家庭作业时，会不由自主地放慢速度，磨磨蹭蹭。父母可以试着和他们一起制订每天的写作业时间表，清楚地列出每天固定时间点要写完的作业，同时也要注意在表格中分出一定的休息时间。

需要指出的是，一旦孩子遵照计划表执行后，父母要及时给予积分鼓励，这样孩子就能坚持下去。一段时间之后，当他的学习计划性和条理性都增强了，他的拖延症就能大大减轻甚至消失。

给孩子规定一个“截止时间”，一旦超过时间，作业必须喊停

大人们在工作的时候，为了及时完成计划，多是在一开始就已经规定了截止日期的。这种方法同样可以用在孩子写家庭作业上。父母可以给孩子立一条这样的规矩：晚上九点半前要写完家庭作业。如果到了时间没有完成，那么就必须喊停。

在这样的情况下，如果因为拖延没有完成作业，孩子会受到批评，或者看到其他孩子都完成了，自己有点异类，自然再做家庭作业的时候，就会收敛很多。

偶尔来一次小小的“考试游戏”，作业又好又快

在孩子偷懒耍滑的时候，偶尔也可以来一次小小的“考试游戏”，来激

励他尽快写完作业，将作业写得又好又快。天天的家庭作业平时是能够准时完成的，但一到了周五，想着周末那两天就兴奋，根本写不了作业。这时候，我会建议他："考试开始，如果顺利通过，明天和后天任你自由选择去哪里玩！"天天一听，马上就进入"考试"状态了，作业写得又好又快，毕竟未来的两天很值得期待。需要注意的是，这种方法可以偶尔来一次，如果每天用它，那可就不起作用了。

Part 6

孩子人际关系差，父母应该怎样做

伙伴危机来了！孩子们通常会遇到这样一些情况：常常抱怨自己没有朋友，欺负同学或者成为被欺负的对象，心里藏着大秘密不想说，总是嫉妒比自己强的孩子，和伙伴们有了矛盾不知道如何解决，等等。在这个时候，父母们又该如何帮他们度过伙伴危机，成为“小小万人迷”呢？不如试试本章中这些简单有效的小方法吧！

孩子有心事，借吃好吃的来打探

☺ 想请孩子吃饭来撬开他的嘴巴，切忌只用钱不用心

☺ 想借请孩子吃饭来打探心事，一定要让孩子吃自己喜欢的东西

☺ 打探心事的好时机是孩子吃八分饱或刚刚吃饱的时候

一位创业不久的朋友打来电话，她语调很高，直入主题。她告诉我，仅仅用了一顿别出心裁的饭，就拿下了一个超级大的订单，三年都不用愁了。我在为她高兴的同时，也不禁感慨："请孩子吃他喜欢吃的东西，也便是撬开孩子嘴巴的简单方法了。"这招我也曾惯用多次，而且每次都非常成功。

去年有一段时间，我明显看出天天不高兴，但是直接问他，他又不愿意同我说。可见他心里藏着秘密，我也很知趣地不去打听，知道他非常喜欢吃鸡翅，于是便带他去了一家他喜欢的西餐厅，点了他喜欢吃的烤鸡翅、披萨和果茶。

人在进餐的时候，心情一般是非常放松的，彼此之间容易产生融洽亲近

的感觉。吃得心满意足的时候，彼此的话也会多起来。果不其然，儿子吃了一个鸡翅后，他说：“妈妈，我一点都不喜欢班长赵鹏飞。”然后喝了一点儿果茶，又说：“他作为班长却总是和一帮人疏远我。”他又吃了一个蛋挞，这时候基本是八分饱了，他接着说：“妈妈，最近课间休息的时候，都没什么同学和我一起玩耍了，因为他不喜欢我，就不让别的孩子们理我……”他越说越难受，最后自己都快哭了。我一边听，一边时不时地对他的情绪做出回应。

等他说完，我开始和他探讨这件事。我故意编造了一件我小时候的“伙伴危机”，然后借此告诉他，就是再难相处的人，都有自己的优点。如果多多发现他的优点，慢慢就不觉得这个人讨厌，甚至彼此还能成为好朋友。另外，对于那些以前的朋友，只要自己主动点，热情点，大家还会是好朋友。天天点点头，孩子毕竟还是孩子，前一刻觉得很讨厌的人，到了后来，他和赵鹏飞竟然成了非常要好的朋友，真是“不打不相识”。

有一次，蜜桃的妈妈询问我如何打探出蜜桃的秘密，我就告诉了她这种简单有效的方法。可再次见到她时，她却说一点用处都没有。我一问便知道原因了。她带蜜桃去了本区比较好的餐厅，点了一堆好吃的饭菜，蜜桃虽然吃得惬意，却相当拘谨，整个过程甚至没和她说什么话。这么一听，便知道了，她忽略了很多细节。请孩子吃饭撬开心事，也是要注意一些技巧的。

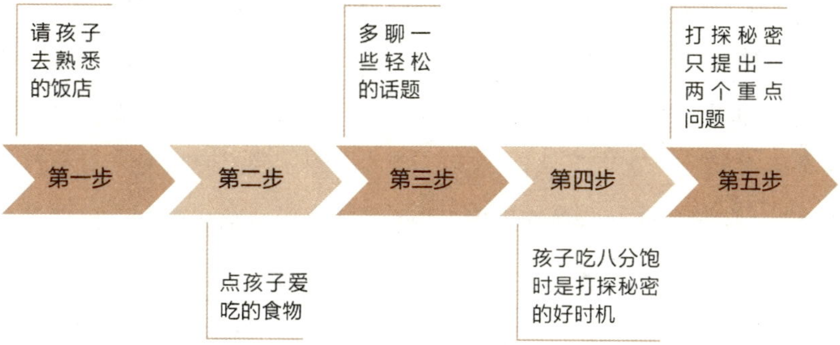

想请孩子吃饭来撬开他的嘴巴，切忌只用钱不用心

父母如果像蜜桃妈一样，请孩子去高档的餐厅，点一些不一定适合他胃口的山珍海味，而餐厅的氛围又不是那种随意的。在这种情况下，孩子吃饭的时候是拘谨的，小心翼翼的。心里不放松，嘴巴上也不可能放松警惕，便不会痛痛快快地说出心事和秘密。所以，父母用请孩子吃饭来打探心事，切忌只用钱不用心。

想借请孩子吃饭来打探心事，一定要让孩子吃自己喜欢的东西

父母可以带孩子去他熟悉的饭店，点他爱吃的东西，点上满满一桌，虽然并没有那么大的胃口，但是谁面对满满一桌喜欢吃的东西而不会感动呢？在这样的情况下，孩子心里的秘密防线就会一下子松懈，接下来就更容易打探心事。

打探心事的好时机是孩子吃八分饱或刚刚吃饱的时候

刚刚吃的时候，并不适合询问孩子的秘密，反而应该多聊一些看上去与主题并不相干的事情。比如，爸爸妈妈可以讲讲自己还是这个年龄的时候，发生过的一些有趣的事情。或者也可以说说下周想去哪个地方短途旅行等。等孩子快吃饱时，或者已经吃了七八分饱时，正是他比较放松戒备的时候，也是很随意的时候，父母可以在这个时候打探心事。但要注意不要一次性提出太多问题，也不要提太严肃的问题，这样他很难认真回答。可只提出一两个重点问题，认真听他说。这时候，诸如“最近怎么没听你说过学校的事情”“最近有没有结交新朋友”“这段时间学习枯燥吗”等问题都能从孩子嘴里轻松打探出根底。

孩子无法融入伙伴圈，不妨教他一些聊天技巧

☺ 对于无法融入伙伴圈的孩子，父母不妨多说一些鼓励的话

☺ 告诉孩子和伙伴交谈的一些技巧，孩子就能顺利融入圈子里

☺ 建议孩子多多充电，这样才总能和伙伴们有话说

眼下，我们一帮亲子团坐下来闲聊。大家晒晒自己挖的荠菜，挖得多的那家跟我们说起了他们历年来挖荠菜的宝贵经验。大家你一言，我一语，不知不觉间，话题从美味的荠菜就说到了别处。大人们说得少了，七八个孩子竟然叽叽喳喳成了主角。我注意到有个女孩子始终一言不发，有点怯怯的样子。

大家一起回去的时候，小女孩和她妈妈正好挨着我们坐下。女孩的妈妈便说起了自家女儿是如何的内向。她是一年前转到这所学校的，可是至今一个朋友都没有。我注意到旁边的小女孩脸蛋红红的，低着头，一言不发。她妈妈越说越离谱，不自觉地就开始唠叨批评女孩。这时候，我悄悄观察小女

孩，发现她那长长的眼睫毛，像湿了翅膀的蝴蝶般，忽闪忽闪的。她背过脸去，用袖子小心谨慎地擦去脸上的泪水。

我故意将话题扯开，想和小女孩聊一聊。“阿姨发现你头上的蝴蝶结很特别，是从哪里买的呢？”

她脸上泛着红晕，有点羞怯地小声说：“阿姨，这是我自己做的。”

“哇，你竟然会做手工？阿姨小时候也做过一些手工，不过和现在不太一样。能告诉我你这手工材料是从哪里买的吗？”我装作对这个蝴蝶结相当感兴趣，就是想让她多说一些，想多了解一些她的事情，也好对她有所帮助。小女孩果真“中计”，从头上摘下蝴蝶结让我看，告诉我关于这个蝴蝶结的制作过程。

我耐心倾听，并时不时地给予回应：“嗯，你很细心呢！”“这样多打一个结，就显得特别别致。”……小女孩的嘴角上扬，有淡淡的笑荡漾开来。

我抬腕看看时间，又看看路标。快要回到学校了。我这时候就告诉她：“你都能跟第一次见面的阿姨聊得这么好，可见其实是个很能聊天，又很开朗的小女孩呢！”她的小脸又嗖地变红了。我又建议她：“以后教给你的女同学们做手工呗，她们一定觉得很有趣！我和你聊天发现你还懂很多关于绘画的知识，想必也有很多孩子想知道，不妨和他们聊聊。”

后来的两周，女孩的妈妈几乎每天都会给我汇报一个大大的惊喜。一个月后，这个女孩有了自己的朋友圈。

对于无法融入伙伴圈的孩子，父母不妨多说一些鼓励的话

不健谈的孩子很难融入伙伴的圈子里，难以和大家打成一片。对于这样的孩子，父母不必强迫他必须同伙伴交流沟通，而是应鼓励他多和父母交谈。

并且在交谈的时候，要多多给予孩子一些正面的肯定和赞美。在和孩子聊得差不多的时候，父母及时鼓励孩子讲话的勇气，孩子们就能逐渐消除自卑感，主动参与到小伙伴们的聊天中。

愉快地聊完天后，父母这样说：

“你和我聊得很好啊！”

“能和妈妈聊得这么好，也就能和小朋友们聊得更好！”

“和你一起聊天真是一种很舒服的感觉！”

“很久没有听说过这么有趣好玩的事请了！”

……

告诉孩子和伙伴交谈的一些技巧，孩子就能顺利融入圈子里

大人们都有过这样的经验，要想和大家处理好关系，并不是只要“品格好”就可以的，会说话也是加分的一大要项。成人世界的交往法则同样也适用于孩子们的小世界。父母可以多教给孩子一些交谈方面的技巧，孩子掌握了这些，就更容易融入伙伴们的谈话中。这里举一些简单的说话技巧：

当朋友寻找帮助时	我很乐意，我立即帮你去办
当朋友有解题妙招时	你的主意真不错
当朋友想插话时	我很想听听你的想法
当说服同学做某事时	这件事没你办不成啊
当有人造谣时	我们来说说我家那盆漂亮的花，如何
当朋友说话伤害你时	谢谢你这么告诉我，我会考虑你的建议

建议孩子多多充电，这样才总能和伙伴们有话说

孩子无法融入小伙伴们的谈话中，有些时候是因为在大家聊天的时候，所聊的话题是孩子并不知道的或者并不擅长的。在这样的情况下，孩子即便想和伙伴们一起聊天，但是因为不知道该聊些什么，所以就选择了回避聊天内容。父母可以建议孩子在学习之余，多读一些同龄人都感兴趣的书籍，诸如科普类、冒险类书籍。这样在和伙伴聊天的时候，就能够轻而易举地说到一块儿去了。

孩子对老师有看法，父母要多说老师的好话

☺ 多和孩子说说任课老师的好话，孩子也会改变对老师的看法

☺ 鼓励孩子成为老师办公室的常客

孩子喜欢或者讨厌某位任课老师，这都是很常见的事情。倘若孩子能够和任课老师交流顺畅，不仅会喜欢这个老师的课，还能和其他孩子在课堂上积极互动，更加和睦。另一种情况是，孩子因为讨厌任课老师而讨厌他的课，也不喜欢和同学们一起参与课堂内容，自己也变得孤独。

天天也经历过这样的事情。那是二年级下学期，数学老师因为一些个人的事情，没有继续接任，新来的数学老师的教学方式与之前的老师并不相同。天天有一段时间相当不适应。

自从换了老师，一切都变了。以前，喜欢数学的他，做家庭作业时，总是将数学放在第一位，可那段时间，他的数学家庭作业经常完不成；以前，他一直是数学课堂上的活络小人儿，可那段时间，每次数学课都能呼呼大睡。

怎么帮帮这个小人儿呢？解铃还须系铃人。天天对老师有了成见，所以才会自己钻进牛角尖出不来。问题的关键是解除天天的这种偏见。

人与人之间的关系确实微妙，有时候这个孩子喜欢的老师，在别的孩子看来可能就是讨厌的老师。父母需要打磨孩子的适应性，使孩子无论遇到什么样的老师都能逐步适应、接受和认可，进而从某个层面上构筑孩子宽阔的人际处理思维水平。在此，与大家一起分享一些简单的小方法，帮孩子与老师处好关系，从而让孩子在学校里过得更阳光更快乐。

多和孩子说说任课老师的好话，孩子也会改变对老师的看法

老师也是普通人，也会有这样那样的缺点，但同时也有非常多的优点。父母要注意，即便发现老师在某方面确实存在不足之处，也不要在孩子面前提起。但老师的优点，父母应该如同拿着一个放大镜般，经常在孩子面前提出来。甚至是在同别人闲聊时，如果孩子在旁边，也可以同别人聊一些孩子的老师如何优秀的事情。

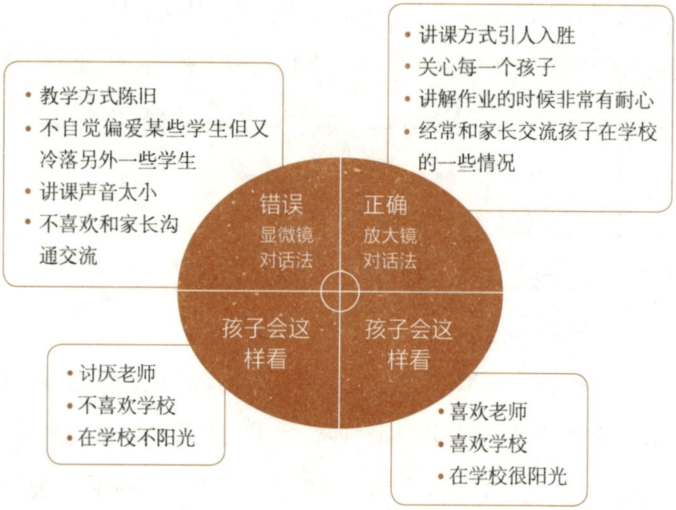

鼓励孩子成为老师办公室的常客

多数情况下，孩子对老师有偏见，并不是因为这个老师真的很讨厌，而是因为孩子和老师交流少，并不了解老师。父母可以建议孩子课外多问老师一些作业问题，甚至可以经常去老师办公室同老师探讨问题。这是消除孩子成见的大好机会，有助于改变孩子对老师的看法，而且孩子经常和老师沟通交流，老师也会更加了解孩子，彼此就会更加融洽。

但是如果孩子很讨厌某位老师，他从本质上就拒绝和那位老师交流，更不希望成为老师办公室的常客。父母们可以用点小小的诡计来促成这件事。对此，我是这样做的：天天虽然不喜欢数学老师，可赵鹏飞却在竞选“数学小王子”，而数学老师是六大评委之一。天天是个大方的孩子，很会为朋友着想。于是我就鼓励天天和赵鹏飞经常去老师办公室问问题，以此来套近乎，在比赛开始之前就俘获评委的心。就这样，天天和赵鹏飞一来二去，成了老师办公室的常客。后来的情况是，他们那一帮孩子总亲切地称数学老师为“小雀斑老师”。

孩子嫉妒心强，积极引导更有效

☺ 不拿孩子做比较，引导嫉妒心强的孩子“对事不对人”

☺ 倾听孩子的嫉妒感受，给孩子讲讲自己如何化嫉妒为力量

☺ 父母也要做出一个样子来，用自己的行为来化解孩子的嫉妒

夕阳浅照，我和天天走在一段五颜六色的鹅卵石路上，我们的影子也被拖得又长又远。天天突然给我出了一道题：“我每次周末小测试成绩都不错，同桌王超很不高兴，甚至还摔书。求王超的心理阴影面积！”

此应用题一出，我禁不住“噗嗤”一声笑了。天天却一本正经，接下去又给我出了第二道应用题：“王超长得比天天高大，足球也踢得特别好，竟然还有很多女孩是他的粉丝。天天不喜欢上体育课就是因为这个原因。求天天的心理阴影面积！”

我算是明白了，天天和王超这对同桌冤家原来是相互嫉妒呢。他们的嫉妒心有多重，心理阴影面积就有多大。

“我想听听更具体的，你说说看，你在嫉妒他的时候，具体是一种什么样的感觉呢？”我鼓励他说出关于嫉妒的具体事件以及这种负面的情绪感受。

“就拿那天体育课来说吧，女生们看着他踢球就鼓掌，还喊他的名字，搞得他跟大明星似的，我们其他的男生好没面子的……”天天越说越气愤，我偶尔给他一些回应：“原来事情是这样的。”“嫉妒的滋味确实不好受。”最后我来陈述一件事实：“他确实会耍帅，因为他的头脑没有你发达。”天天一听就乐了。我们走着走着，转了一个弯，太阳也落山了，夕阳下那长长的影子也消失了。

其实，嫉妒是一种自然情感，孩子们之间产生嫉妒心是很正常的事情。适度的嫉妒心甚至还能激发孩子的学习劲头，成为一种小小动力。但是如果嫉妒心重了点儿，情绪受到严重影响，不但不利于彼此取长补短，共同进步，甚至彼此的友谊都难以维持下去。而且如果对孩子的嫉妒心听之任之，它也会逐渐演变为人格的一部分。又有谁愿意跟一个嫉妒成性的人做好朋友呢？那么如何帮嫉妒心强的孩子减弱嫉妒，交到更多的朋友呢？

不拿孩子做比较，引导嫉妒心强的孩子“对事不对人”

嫉妒心强的孩子在性格上都是比较要强的。这样的孩子一般上进心足，遇事不服输。对于这样的孩子，父母如果总是拿他和别人家的孩子做比较，孩子的嫉妒心就很容易被激发出来，甚至对他人产生敌意。因此，父母要少拿孩子同别人做比较，也不要当着孩子的面夸赞同龄人，这样都极容易引发孩子的妒意。父母要引导孩子在思考问题的时候“对事不对人”。就拿小孩子们考试这件事情来说：孩子如果将关注点放在和别人比较分数上，就很容易产生嫉妒情绪。如果引导孩子将关注点放在如何做好“考试”这件事上，就能激发学习劲头，不和别人比较了，自然也就不容易产生嫉妒情绪。这样的话，和同学、朋友相处起来，也就能让彼此更舒服，更愿意交往。

倾听孩子的嫉妒感受，给孩子讲讲自己如何化嫉妒为力量

当孩子产生嫉妒情绪的时候，父母所应做的第一件事就是当个乖乖的倾听者。在一旁认真倾听孩子的嫉妒感受，一边听一边给出一些感同身受的回应。这样孩子的嫉妒情绪就能够得到及时宣泄，不积聚负面情绪也就不容易形成嫉妒型人格。

当孩子宣泄完后，父母可以跟孩子讲一讲自己是如何化嫉妒为力量的。比如关于升职加薪这件事，自己可能当时是对某位同事挺不满的，有点小小的嫉妒。但是后来发现人家也有人家的优势，而自己所能做的不是嫉妒，而是更加努力，多充实自己，让自己强大起来。孩子在父母的讲述中，吸收的是化嫉妒为力量的心智。

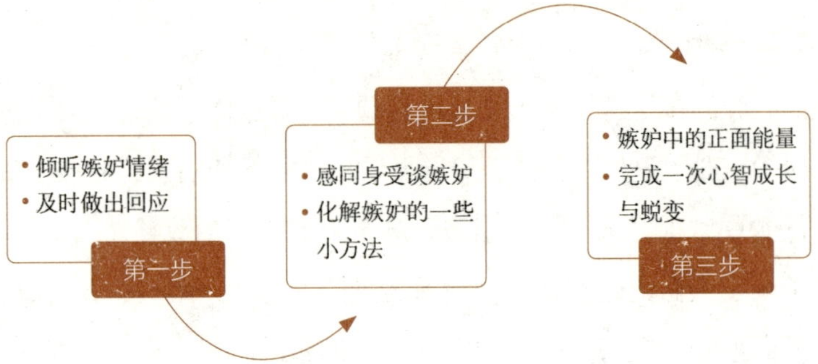

父母也要做出一个样子来，用自己的行为来化解孩子的嫉妒

孩子都会有意无意地模仿父母的行为。如果父母很少抱怨同事、朋友，能够做到豁达大度，不斤斤计较，为人处世有大的格局，孩子也会在潜移默化中受到这种积极情绪的影响，学着父母的样子来塑造自己。

孩子遇到“小霸王”，教给他保护自己的本领

☺ 与其追问孩子“你是不是被欺负了”，不如试着和孩子一起去散心

☺ 耐心倾听，告诉孩子“一切都过去了”

☺ 给孩子提供一些对付“小霸王”的方法，积极帮孩子变得更强大

天天这孩子特别热心，简直就是一个小侠士。这不，又为同学打抱不平呢！

“妈妈，我们班新来了一个男同学，特别的内向。放学的时候，我经常看到有几个高年级男生故意欺负他。逼着我们班的那个胆小鬼在他的桌兜里放凉凉的玩具蛇，吓他一跳；偷偷拿走他的课本，让他上课不得不跟女同桌一起看，然后他们就在背后制造谣言；还总是故意让他请吃关东煮，否则就在放学路上堵着他要钱。”

“哦，那这男生心里一定不好受吧。”我回应道。

“可不是，他貌似很郁闷。听说他是单亲家庭，家里有妈妈和姐姐两个人。实际上放学后，我只见过他和他姐姐一起回去，估计他妈妈根本

就顾不了他们吧。”他挠了挠后脑勺：“他姐俩被欺负的时候，那位姐姐除了朝那几个男生大喊，也没有别的办法，可他们只会更得意。”

“的确，你这么善良，肯定是看不下去的。”

天天挠了挠后脑勺：“的确，对付那帮‘小霸王’，我哪里是他们的对手。”

“对付‘小霸王’，不能以蛮力致胜，那样反而会招致不必要的麻烦，要懂得智斗。”我提醒他。

几天后，他放学回到家里兴致勃勃地同我讲起了他这个小诸葛的计策。原来在他的建议下，那姐弟俩遇到“小霸王”们时，姐姐只是简单地说了句：“如果你再欺负我俩，我就拥抱你们！”这姐姐本来就被他们说成是丑八怪，听“丑八怪”这么一说：“小霸王”们都被吓跑了。

真是一条妙计！其实欺负与被欺负的问题，历来就是许多父母都会面临的棘手问题。每个学校或每个社区都有欺负人的孩子，当然，也有那么一部分孩子成了他们的攻击目标。那么，父母们如何避免孩子成为受欺负的对象？当孩子受到欺负时，又该如何帮他们走出被欺负的痛苦之中，消除心理阴影呢？

与其追问孩子“你是不是被欺负了”，不如试着和孩子一起去散心

一般来说，很多受欺负的孩子并不是特别愿意告诉父母。因为一旦父母知道了，也就等于老师知道了，同学们也都知道了，“小霸王”遭遇难堪后，就会更加处心积虑地对付这孩子，甚至比从前更加变本加厉。

一般来说，当孩子出现这样一些情况时：不愿意上学，在学校里总是心情很差，有一段时间学习非常不在状态，衣服突然变得破烂或脏兮兮的，等等，父母都会怀疑孩子受欺负了，而且这些情况下，的确也会有很大的可能性是孩子受欺负了。但若直接追问“你是不是被欺负了”，一般孩子都不

会说实话的，反而会因为这种追问变得很痛苦。

父母不妨感同身受地给孩子传达出“我知道你很痛苦，你现在不想说没关系，等你想说的时候再告诉我”这样的信号，然后和孩子一起去做一些他喜欢的事情，比如去陶艺馆做陶艺，和孩子一起去钓鱼，一起去爬山，一起看日出……即便是父母不说什么话，孩子也能够从被欺负的阴影中走出来一点。

耐心倾听，告诉孩子“一切都过去了”

当孩子想让父母敞开心扉，说出令自己感到痛苦、难过、羞辱的事情时，父母要耐心倾听，但不要追根究底，过于纠结这件事。在孩子说完后，告诉孩子：“你一定很痛苦，这件事情已经过去了，一切都过去了。”让孩子在这种“接纳和共感”中，缓解痛苦、压抑等情绪。

给孩子提供一些对付“小霸王”的方法，积极帮孩子变得更强大

被欺负的孩子一般也有自己的弱点：性格比较懦弱、胆小、优柔寡断；人缘一般或没有朋友；且身材也不是很高大，力量也并不强大。被欺负的孩子只有在各个方面强大起来了，才不会被“小霸王”盯上。

父母可以建议孩子们去学一些能增强体质的项目，比如跆拳道、篮球等。周末也可以带着孩子进行一些野外徒步旅行。当孩子自己变得更强大，更有能力时，他也就不会那么容易被欺负了。

鼓励孩子无论在任何情况下，都要和同学们结伴玩耍，人越多越好。这样孩子们之间能够互相关照，“小霸王”看人多势众，自然也会心生畏惧。

当孩子受到“小霸王”欺负时，可以建议孩子立即采取这些措施：来点小幽默，然后马上走开；面对挑衅，拒绝打架迎战；和“小霸王”也成为不远不近的朋友；对言语的侮辱一笑置之；大声喊出来；等等。

孩子被欺负，父母要反省自己的教育方式

☺ 对于习惯性受欺负的孩子，父母要多多反省自己的教育方式

☺ 让孩子多读、多看一些与冒险、勇敢和智慧相关的故事

☺ 父母在应对“孩子受欺负”这件事情上，不妨来点小创意

“我们家彬彬是不是在你家？”我接到邻居彬彬妈的电话时，对方劈头就问，从声音来听，对方非常焦急。

“没有，天天一个人在写作业。”我赶紧喊天天过来，问他是否有彬彬的消息。对方电话里有了苦腔：“天天妈，你说我是不是应该报警？”

我一听就知道事情不对，一定是彬彬出事了。我拉着天天，与彬彬妈一起找他。就在学校围墙外一个很偏僻的小巷子里，发现了满身沾满尘土，正在哭泣的彬彬。

事情原来是这样的：

一个月前，彬彬他们班转来一个“小霸王”。不久，这霸道的家伙就

锁定了欺负对象：性格软弱，学习又好，单亲家庭的乖男孩彬彬。起初只是给彬彬起绰号，觉得不过瘾，就开始偶尔动手动脚的。见彬彬好欺负，又干脆聚集一帮淘气的孩子，放学路上跟彬彬要钱。彬彬这次没带钱，就被他们堵在小巷里揍了一顿。彬彬哪里敢让妈妈知道？可是这个样子妈妈肯定会猜到，自己也是没办法，躲在这里哭泣。

彬彬的妈妈看到儿子被欺负成这样，当场就哭了，一边说“妈妈没用，不能保护你”，一边拥抱儿子，说：“孩子，你坚强点！”

当彬彬妈拿起电话，要打给校长时，彬彬害怕地退后几步，大声喊：“妈妈，别打，他们会更加嘲笑我的！”天天倒是颇有主意，说道：“彬彬，都过去了，我们来想想接下去该怎么做！”天天沉思了一会儿，建议彬彬：“不如这样，放学的时候，你不要一个人回家，跟我们几个一起走，‘小霸王’看到人多势众，就不敢轻易欺负你。另外，我们的跆拳道班正缺人呢，加入我们吧！”彬彬有些胆怯和犹豫，最后小声答应了。

孩子受到同学欺负，对于父母来说，是一件很难受的事情。可是不管什么时代，孩子们都有可能会遭遇这样的事情。一般来说，被欺负的孩子多有自身的一些弱点，诸如家庭环境不是很和谐，性格比较懦弱，胆怯退缩，无法坚持自我，不懂得拒绝，等等。

对于习惯性受欺负的孩子，父母要多多反省自己的教育方式

父母对孩子过度溺爱和过度保护，或者对孩子过分苛责，按照自己的标准来塑造孩子。这两种极端的教育方式都会导致孩子内心不安，性格发展不健全，趋向于懦弱，不懂拒绝。尤其是后者，在不情愿的情况下都无法说“不”，只会使得欺负不断升级。

过度溺爱型的父母，十分有必要学会适度放手，让孩子自己早早学会做

一些事情。一旦孩子能够独立完成某些事情，父母要适时给予他们鼓励和认可，这样孩子就能逐渐肯定自己，性格上也会逐渐变得坚强。

而那些过度苛刻的父母，则要尽可能减少自己的期望值，不要凡事替孩子做决定，更不要经常斥责和批评孩子。当孩子不必按照父母期待的样子成长，而是能够自由成长时，他的性格也会变得勇敢而坚强，自然也就不容易成为受欺负的对象。

让孩子多读多看一些与冒险、勇敢和智慧相关的故事

对于胆子比较小，性格比较懦弱的孩子们，父母可以有意识地多给他们买一些儿童冒险类读物看，也可在周末找一些与冒险、勇敢、智慧主题相关的电影给他们看。孩子从这些书籍和电影中，会吸收主人公的冒险、勇敢和智慧的心智，使得这些美好的特质在自己身上也能灼灼生辉。

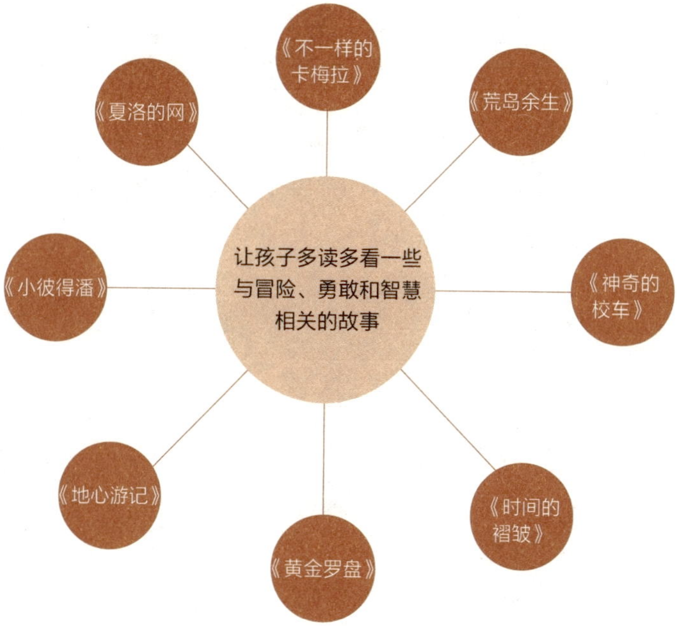

父母在应对“孩子受欺负”这件事情上，不妨来点小创意

父母在应对“孩子受欺负”这件事情上，方法是相当多的：有的会选择直接向校方反映情况；有的会选择和“小霸王”的父母进行沟通；有的会主动和孩子的朋友们谈谈这件事，试图使孩子得到他们的支持；有的会把孩子送入自卫训练班，让他长点自我保护的本领；有的会主动帮孩子组织一个小团体或者建议孩子加入某个小团体。偶尔也不妨来点儿小小的创意，使得“小霸王”落荒而逃。比如，当“小霸王”总是抢夺孩子的零食时，偶尔有一天，建议孩子主动奉上。当“小霸王”得意地打开食物时，却意外地发现食物里夹着一张小纸条上面写道：

王小虎小朋友：

你已经欠下零食款100元了，下面是你的家庭住址和你爸爸的电话，没错吧！

地址为……

一般来说，就是再霸道的“小霸王”，看到这张小纸条，都要认真考虑一下是否该停止这种恶劣的行为了。

孩子与伙伴发生冲突，采用高明方法来解决

☺ 对于不涉及危险性的争吵和矛盾，父母可以说“你们自己想办法处理”

☺ 当矛盾不断升级存在危险因素时，父母要说“如果是我的话，我会这样想……”

那天放学，天天突然说：“我不想理王超了。”

“你听上去挺生气，发生了什么事情吗？”我看着他噘嘴的样子，就知道这对同桌好友又闹矛盾了。

“他和李茂源商量好了，周末不打算找我出去踢球。我讽刺了他几句，他竟然朝我举起了拳头。”他叙述的时候，声音越来越大，显然王超的行为让他很生气。

“那确实挺让人窝火的。你是怎么回应的？”我语气平静，完全站在旁观者的角度来倾听这件事。

“我又回了他一拳，并且告诉他这叫作礼尚往来，毕竟‘来而不往非礼也’！”听罢，我和天天都笑了，从这种处理方式来看，也便得知他们明天

又会好得跟一个人儿似的。天天和同学王超关于吵架的处理方式，让我想起了前一阵子爬长城时的那件事。

那天，我们一家爬完长城特别累，下来的时候，就想在大门口休息休息。可是走近了才发现，这边出事了，发生了一起打架致伤事件，竟然连警察都过来了。听旁人说才知道了事情的原委。这两家人都是带着孩子出来玩，起初还聊得挺好。后来，两个小孩因为抢一个位置发生了争执。一个孩子打了另一个孩子一下，另一个孩子没有还手，其家人看不过去，就替这个孩子打了那个孩子一拳。一下子，导火线引发了，一场孩子间的小小争执演变成大人之间的斗殴冲突事件。

如果两个孩子在发生争吵尚未动手的时候，彼此懂得协商，互让一步，也许还能因此成为朋友。如果两个孩子已经开始动手的时候，父母并不着急，可以采取不干预政策，等他们自己去解决，也许他们前一刻还互掐，后来就又嘻嘻哈哈了。在情况实在不妙的时候，父母可以当裁判，告诉他们："如果我是你们，我会……"也许孩子们也会成为不打不相识的朋友。

当孩子们之间有了矛盾，发生争吵冲突的时候，父母是该及时干预，还是不管不顾，抑或是采取一些更高明的方法，使孩子们在一次次与伙伴的矛盾冲突中顺利成长？

对于不涉及危险性的争吵和矛盾，父母可以说"你们自己想办法处理"

孩子们在一起玩耍的时候，发生一些冲突是很正常的。有的时候，孩子们甚至会大打出手，但这些并不代表着他们的关系就此决裂。相反，孩子们会在这种矛盾争吵中思考一些这样的问题：站在对方的立场上会怎样？在事情变得不可收拾之前应该做点什么来修复关系？自己是不是做得有点过分了？这样，孩子在经历过和伙伴们的一次次矛盾争吵后，学会了关系的修复方法，掌握与他人交往的一些技巧，诸如自我主张、忍耐、协调、妥协、战术、和解。

在一般情况下，如果孩子们的矛盾冲突不存在危险因素，父母在原则上要不干涉，让孩子们自己想办法解决问题。情况不严重的话，就假装没看到。倘若孩子开始告状，父母判断矛盾的性质属于“不危险级别”后，可以告诉孩子：“你们自己想办法解决吧，想一想，如何做能化干戈为玉帛？”如果是自己的孩子在这次伙伴矛盾中吃了亏，也不必斤斤计较。父母的这种处理态度，看似不作为，其实是给孩子传达了这样的信息：朋友间相处，对错不要过于计较，没什么大不了的问题。孩子一旦在处理矛盾时有了这样的心态，自然就会豁达、友善、大度，不仅懂得了和朋友们的相处之道，还能吸引更多的朋友。

当矛盾不断升级存在危险因素时，父母要说“如果是我的话，我会这样想……”

如果孩子们之间的争吵或矛盾已经升级，双方都无法和平解决，甚至还有危险性，这时，父母就要及时干预他们之间的争吵与矛盾。具体来说，可以遵循这样的步骤：

父母在他们之间扮演的是一个“公平裁判”的角色，不要偏袒任何一方。先耐心倾听双方的辩解，不要对任何一方做出对或错的判断，等他们说完，将你自己的想法传达给他们：“如果是我的话，虽然事情会发展成这种地步，但是我会采取这样的措施来挽回……”“想听听我的想法吗？我是这样看待这件事的……”父母只是说出自己的想法，但不要具体指示孩子们怎样做，让孩子们凭借自己的判断，来考虑如何好好解决这件事。

手足之间难和睦，父母只需把话说到孩子的心坎上

☺ 不要站在任何一方，否则只会使矛盾升级

☺ 请孩子到各自的房间里冷静冷静，直到决定休战

☺ 父母不说这些话，孩子们之间就能有效减少争吵

☺ 创造一些好玩有趣的家庭仪式，以此增进孩子们之间的感情

☺ 允许孩子们共同犯错，而父母可以假装不知道

一帮父母闲聊时说起“生二胎”的问题。大多表示“不敢生二胎”，原因竟然出奇的一致：养孩子并不在乎奶粉钱，可是生了弟弟，哥哥心里就会不平衡。如果相处不好，手足矛盾要闹腾一辈子。这时候，有位爸爸插话了：“想多了，我家两个儿子，争吵打闹是经常的事儿，但哥俩好着呢。”他给大家讲了一件他们家两个男孩闹矛盾的事情：

哥俩相差三岁，自从弟弟出生后，这兄弟俩就开始吵架闹矛盾了。哥哥和弟弟都经常说我们偏袒对方，不公平。我起初并不擅长处理这些事情，

每次他们打得无法开交时，我自然而然会护着弟弟，将他拉开。后来，我发现这不但不能从根本上解决问题，反而使得哥哥常常对我们充满怨气，觉得自己不是亲生的，甚至要离家出走。这种情况持续了好几年，一直到哥哥上了一年级，弟弟也开始上幼儿园。我和孩子他妈渐渐对他们的这种鸡毛蒜皮的事情麻木了，有时候任由他们自己争吵。不过，很快他们又会和好如初。我们还从一位专家爸爸那里学会了一招。孩子们一开始争吵，我就说："吴国和越国开战了，战争激烈。我们让勾践和夫差说说到底发生了什么事。有请……"兄弟俩争先恐后进行"现场直播"，公说公有理，婆说婆有理。在他们叙述得差不多了的时候，我说："很抱歉，我们的播报至此结束。欲知后事如何，请听下回分解。"实际上，几分钟之后，兄弟俩就又开开心心玩到一块儿去了。

这对父母在协助孩子们处理手足矛盾方面，可谓幽默风趣又睿智。不偏袒任何一方，引导孩子们自己用幽默的方式化解，最终兄弟之间一点隔阂都没有。

家中有两个或多个孩子的，恐怕都有过这样的体会，手足之间吵架、打架是常有的事。如果处理不当，会使得他们都感到沮丧、不公平。那么，当手足发生冲突矛盾时，父母如何处理才恰当？

不要站在任何一方，否则只会使矛盾升级

多数父母在处理孩子们的争吵时，都会不自觉地偏向更小的孩子。因为他们是"弱势群体"，年龄小，力气小，心理上也更加幼稚。可是父母的这种处理方式往往会使手足只见的矛盾激化，即便争吵停止了，但孩子和父母的隔阂会变得更大，会觉得自己不是亲生的，觉得父母过于偏心。在孩子争吵时，父母正确的做法应是，不偏袒任何一方。告诉他们："我不想参与你

们的争吵，你们自己想办法解决吧。”

请孩子到各自的房间里冷静冷静，直到决定休战

父母可以给吵架的孩子提一些建议：“请回到各自的房间冷静冷静，直到决定和解才能理会彼此。”如果孩子们彼此闹得实在太厉害，就可以建议孩子们先回到各自的卧室冷静冷静；如果想继续争吵，那么十五分钟后再出来继续吵。这样处理之后，孩子们一般也不大会像之前那样大吵大闹。

父母不说这些话，孩子们之间就能有效减少争吵

有的父母总喜欢拿两个孩子做比较。父母的初衷是好的，希望孩子们之间互相取长补短。但是在孩子看来，他感到了竞争和压力，也会隐隐约约对同胞心怀不满。下图中的话父母一定不要说，否则很容易使手足失和。

父母喜欢拿两个孩子做比较　　结果……

创造一些好玩有趣的家庭仪式，以此增进孩子们之间的感情

父母可以为孩子们创造一些属于这个家庭的家庭仪式。比如，每周末有半天属于全家人一起的阅读时间；下雪天是全家人一起打雪仗的日子；每到下雨的周末，全家人可以吃着点心看家庭影院；每周有一次全家人的家庭会议。这些全家人一起去做的事情，能很好地增进孩子们之间的感情，是解决手足问题的好方法。

允许孩子们共同犯错，而父母可以假装不知道

孩子们有时候会瞒着父母一起做一件调皮捣蛋的事情。比如，悄悄拿走了妈妈的口红扮鬼脸来用。这种并不触及原则性的事情，父母完全可以装作不知道。别小看这种孩子们一起谋划的“事件”，它是孩子们之间的小秘密，为了守住同一个秘密，孩子们之间会更加信赖，彼此关系也更加融洽。

转校了，父母这样做能让孩子很快适应新环境

☺ 针对不同性格的孩子，采取不同的对话方式

☺ 了解附近的一些文化、历史、特产等，让孩子对新地方产生兴趣

☺ 父母也要在新的地方积极结交新朋友

周五晚上，已经11点钟了，天天仍旧不睡，他在画一幅油画。这画看上去基本上快大功告成了。这幅画作长1.5米，宽1米。画的是几个孩子一起穿梭于一片魔幻般的彩色森林。孩子们手里拿着武器，不远处，有他们自己搭建的树屋。风吹起他们的头发和衣服，他们的脸上都有愉快的表情，他们的鞋子上有很多泥，……虽然这幅画的笔法有点稚嫩，但是几乎所有的细节，他都刻画得相当清晰。

这是作为礼物送给朋友乐迪的。乐迪和天天早就约好这周末一起玩耍。不久前，乐迪因为父母工作变动，不得不随着父母去另一个学校上学。虽然同在一个城市，但两所学校距离遥远。我上次见到乐迪，也是一个月前的事

情了。

乐迪收到天天的礼物时，眼睛不停地眨动，眼圈也红红的。他突然控制不住“哇”的哭了。“妈妈，我不离开天天他们，我不去那个学校，我就要在这里。”天天安慰了他好久，他才终于不再哭了，两个孩子一起玩起了游戏。

乐迪的妈妈就同我说起乐迪转校后的种种不适应。乐迪已经去新学校一个月了，可是一个朋友都没有。在很多快乐的孩子面前，他显得孤独又落寞。大人们因为换了新工作，非常忙，自然也就很少顾及孩子，况且也不知道该想点什么招数来帮他。

孩子们突然离开自己熟悉的学校和朋友，这是一件很痛苦的事情，短时间出现一些情绪问题是很正常的。那么，孩子转校后，父母应该说些什么，做些什么，才能帮孩子在短时间内适应新环境，交到新朋友呢？

针对不同性格的孩子，采取不同的对话方式

孩子们的性格不同，转校对他们的影响也是不同的。对于那些性格比较外向、不拘小节的孩子来说，适应新环境不是什么困难的事。爸爸妈妈可以多在孩子面前说一些“喜欢新的环境”“反正都是在同一个城市，没什么区别的”等话语，并展现出非常喜欢新工作的生活态度，孩子自然而然受到这种积极情绪和话语的影响，也能尽快适应新学校的学习和生活，尽快融入新的朋友圈。

而对于那些内向、多愁善感的孩子们来说，环境的突然转变会让他们产生一些情绪问题，不能尽快地适应新环境。在这种情况下，父母要多跟孩子说“不管什么时候，爸爸妈妈总是在你身边”，要多和孩子讲一讲你或身边朋友小时候转学的经历。父母也要多带着孩子回以前的地方拜访老朋友、老邻居，让孩子的情绪有个缓冲期。

了解附近的一些文化、历史、特产等，让孩子对新地方产生兴趣

父母可以通过网络或通过带孩子去附近的图书馆等途径，找到一些关于附近的文化、历史、特产等知识，然后带着孩子去当地一些博物馆、文化旅游景点游玩，带孩子去有地方特色的饭店吃饭。同时，父母还可以多给孩子买一些附近孩子们流行的书籍和玩具等。那样，孩子们会慢慢喜欢上这个新地方，也慢慢开始接受新学校和新朋友。

父母也要在新的地方积极结交新朋友

到了一个新的环境中，父母也要积极结交一些新的朋友，融入一些新的朋友圈。周末带着孩子一起与新朋友一家出去游玩，或者与新朋友聚会的时候带上孩子。当孩子看到父母这种积极寻找新朋友的态度时，也会在潜移默化中受到影响，开始在新的学校里寻找新朋友了。

Part 7
做高情商的父母，孩子既独立成长又不叛逆

孩子们现在的世界似乎充满了危险因素，父母总有无数的担心：万一孩子出门被绑架，万一孩子吃了满是细菌的食物，万一孩子自己做饭着了火，万一孩子交友不慎，等等。正因为这种恐惧之心，直升飞机式父母激增，他们恨不得二十四小时监督孩子，他们仍旧热衷于将已经上了小学的孩子当婴儿养。

停！请放养野孩子，就让大自然和社会来打磨他。不妨和孩子一起行万里路，体验野外生存，做志愿者帮助别人，让孩子一起参与一些大事情。如此，孩子的身心才能更强大。

孩子身体素质差，要常带他去拥抱大自然

☺ 周末至少抽出一天时间，和孩子一起沉浸在大自然的怀抱里

☺ 生活处处皆学问，读万卷书更要行万里路

天天的朋友小黑黑又请假了，原因一如既往的雷同：发烧头疼。其实，自从升入三年级之后，多半年的时间里，小黑黑的出勤率很低。大家觉得再没有比小黑黑更弱不禁风的小男孩了。

那次，碰到小黑黑的妈妈，自然而然就说起了小黑黑的事情。小黑黑的妈妈说，每次孩子生病，对于当妈的来说，都是一场煎熬。她只愿意小黑黑少生病就行，学习什么的都是次要的。谁知一旁的小黑黑听妈妈这么一说，反驳道："我的好妈妈，如果您真这么想就好了。可您老人家巴不得累死我呢！"小黑黑说话的时候，声音有点弱，语气有点生气。

他妈妈被孩子这么一说，尴尬地笑了笑，"嗨，小孩子家家的，妈妈不就是多给你报了几个兴趣班，还不是为了你好！"我细问才了解到是这么回事儿：

小黑黑体质确实不好，但她妈妈也是够拼的。小黑黑每天放学后，写完作业，还要上一节钢琴课。周末两天也不得闲，有六门兴趣课等着他。更让小黑黑抵触的是，这六门兴趣课并不在同一个地方，其中两门在附近，还有两门需要半小时车程，最后两门则要去某所大学附近学习。

而这么多的兴趣班中，小黑黑真正感兴趣的只有一门创意美术。如此这般折腾之后，小黑黑对创意美术也提不起兴趣来了。

如小黑黑妈这么拼的父母的确不少。父母想让孩子上更多的兴趣班，学得十八般武艺，可是兴趣班太多反而成了孩子的负担。负担和压力如果超出了孩子的承受能力，他甚至会以生病的外在状态来表达内心的抗议和不满。其实，好的教养并不在各种各样的所谓的“兴趣班”里，而是在大自然和社会里。

周末至少抽出一天时间，和孩子一起沉浸在大自然的怀抱里

孩子们在高楼大厦里待的时间长了，很少晒太阳，也没多少运动的机会，体质自然比不上在田野里疯跑的孩子们。而且，孩子单纯从书本和兴趣班学到的东西并不足以满足他的好奇心和求知欲。

父母可以每周都抽出一天时间，带着孩子一起沉浸于自然的怀抱。这里的自然不仅仅是指家门口的公园、草坪、植物园，还包括自然中更为广阔的世界：一望无际的草原，散发着麦香的麦田，清澈见底的溪水，连绵起伏的远山，郁郁葱葱的森林，温暖明亮的阳光，等等。

经常与大自然接触的孩子，不仅在体质方面会慢慢强壮起来，而且也会变得越加勇敢，曾经害怕的那些蜘蛛、蜥蜴，因为见得多了，便也觉得稀疏平常。撇开这些，经常沉浸于自然中的孩子，在心境上也更趋向于从容、平静，充满正能量。这样的孩子也更善于化解生活和学习中遇到的一些难题。

生活处处皆学问，读万卷书更要行万里路

古语有云："读万卷书不如行万里路。"培养孩子阅读的习惯固然很重要，但是经常和孩子来一场说走就走的旅行，也是一种不错的选择。父母可以带着孩子多去一些有着悠久历史或名胜古迹的地方。孩子们能从中了解更多历史、地理、建筑、文学、民俗等知识，甚至能学到很多书本上学不到的东西。

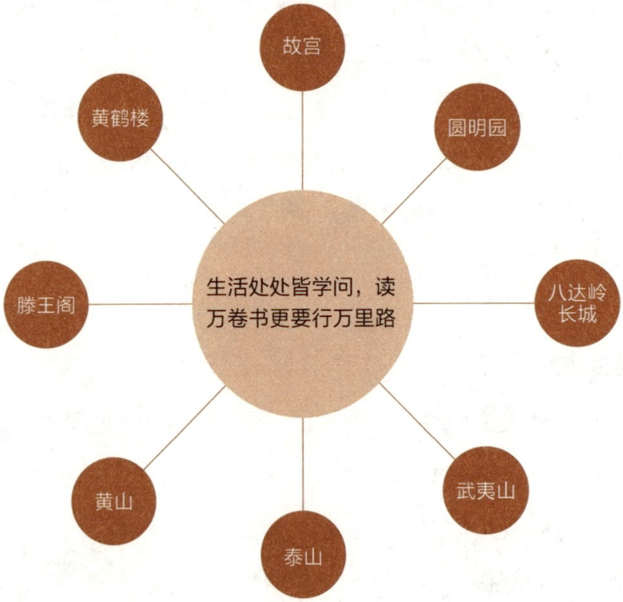

我印象比较深的是去年带天天去湖南的岳阳楼。去之前，告知他范仲淹的《岳阳楼记》便是在此一气呵成。天天很感兴趣，拿来背诵。到了岳阳楼后，他因为能背诵《岳阳楼记》获得一张"免费通行证"。天天尝到了甜头，由此及彼，从前那些不喜欢背诵的古文，现在竟然如同水果沙拉般可口了。

孩子在这种旅行的过程中，不仅仅能学到一些知识，甚至还能学会一些社会生存法则。比如，到了陌生的城市如何迅速掌握公共交通系统，如何适应附近的民俗习惯，如何和陌生人打交道，如何处理一些突发事件，等等。

孩子怕吃苦，多带他去野外“冒险”

☺ 大自然是教给孩子生存能力的好老师

☺ 告诉孩子一些必要的野外生存安全知识

天天所在的学校，每年都会在夏季组织几次露营活动。当然，小学低年级孩子们报名的寥寥无几。学校老师为了方便管理，只好将这几个低年级孩子分配到高年级班级里，并再三叮嘱，让高年级的孩子们照顾好小弟弟或小妹妹。

临行前一天，校方负责人就召开家长会，告知家长们孩子参加的露营活动条件相对艰苦，但是有安全保障的。校方嘱咐孩子们要带上雨衣、遮阳帽、防晒霜、手电、驱虫剂……名单打出来也够长的。

校方话音刚落，就有一些父母提出很多问题：“父母们能否跟着去？”“孩子万一走失怎么办？”“有没有紧急应对措施？”“篝火晚会上万一引起火灾怎么办？”……从这些提问中也能看出，父母们内心其实是充满恐惧感的。校方只好一一解释，直到家长会散了之后，父母们似乎仍有疑虑。

那次，孩子们露营三天。天天回来后，只喊：“以后再也不参加学校的露营活动了！”

“是不是很苦？”天天爸爸不假思索地询问道。

“相反，老爸，太没有挑战性了。哪里是去露营体验野外生存啊，分明是去旅行嘛！”天天耸耸肩，做出一个无趣的表情。他提议，和老爸一起去附近的旅游区搭帐篷，挖野菜，爬树。比起学校的露营，他更喜欢家里无拘无束的露营形式。

想起天天最初学爬树的时候，我是非常担心的。但天天的爸爸似乎并不担心，还说在国外，很多学校都开有专门的爬树课，爬树能开阔孩子们的视野，使他们用三维空间的方式来思考事情，还能让孩子变得更加独立。这理由勉强说服了我，终于同意天天学爬树了。

天天自从学会了爬树，就经常会爬到树上看风景。他喜欢坐在树上看日出，偶尔也会坐在树上随便看看远处的风景，那一定是不一样的视觉盛宴吧。

如今，很多孩子不仅仅在学习中害怕吃苦，生活中照样是习惯了被照顾。养尊处优能无限满足孩子的物质需求，却无法从精神层面磨砺孩子的心性。而大自然是可以打磨孩子的心性的。父母经常带着孩子体验野外生存，露营扎寨，寻找水源，爬树，寻找食物……这能大大提升孩子的生存能力。这样的孩子，学习起来得心应手，长大工作后也更有闯劲儿。

大自然是教给孩子生存能力的好老师

大自然是能教给孩子生存能力和生存技巧的好老师。孩子们从自然界中学到的东西最终会转化为他们处理和应付各种问题的智慧。

父母们可以抽出一些时间带孩子一起去野外“冒险”。父母和孩子一起搭帐篷，一起跋山涉水，一起潜水和冲浪，一起寻找可以吃的野味，一起取火烹食。在这种野外生存的体验中，孩子的体魄变得更强健，动手能力、观察能力、统筹能力、应变能力、决断力和团队合作能力也都大大提升，而且孩子还变得更有担当，更有责任感，更为勇敢。

告诉孩子一些必要的野外生存安全知识

父母在和孩子一起进行野外生存体验的时候，除了要告诉孩子一些如何寻找水源，如何搭帐篷，如何钓鱼等野外生存知识之外，还要多告诉孩子一些野外生存安全知识。比如：哪些地点并不能搭帐篷；采摘野菜的时候，什么样的蘑菇不能采；什么样的鱼是有毒的；毒蛇长什么样，遇到毒蛇又该怎么办；野外遇到紧急情况，要用什么样的求救方法；等等。

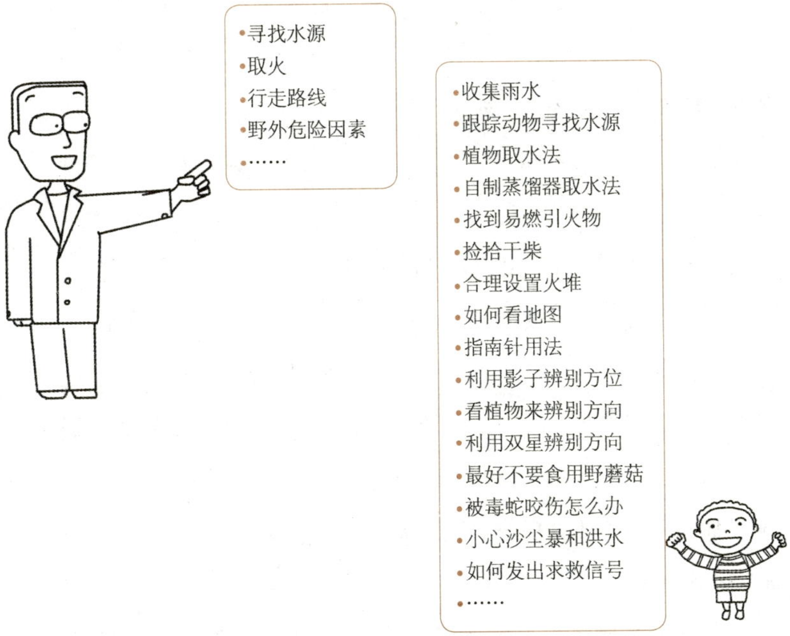

野外生存知识

孩子没有同理心，让他去当小小志愿者

☺ 和孩子一起去做志愿者，同情心对孩子来说很重要

☺ 小小的“排队”中藏着大大的品格——老吾老以及人之老

☺ 保护环境——己所不欲，勿施于人

天天突然说：“妈妈，我怎么觉得不够快乐？这个暑假少了点什么？”

是啊，我也觉得少了点什么。仔细想想，从天天放假到如今也有一个月了。天天的暑假作业是早就写完了，课外阅读的书籍买了一堆，也读了不少。天天每天也会有固定的时间做点自己感兴趣的事情，跆拳道和绘画，这两样事情从来都在他的日程范围内。他每天也会找上几个小伙伴，一起出去玩。他也很懂事，也知道每天帮父母做点家务。这暑假也蛮充实的，会少了什么呢？

我正在冥思苦想，天天突然兴奋地喊道：“我知道了，我们有好一阵子没跟着‘青苹果’叔叔和‘柠檬’阿姨去做志愿者了！”一语道破天机。原

来做好事也会上瘾。

“青苹果”叔叔和“柠檬”阿姨是附近某志愿者群落的发起者。他们经常会在工作之余，组织大家一起参与一些志愿者活动，如陪福利院的儿童过一天，协助维持一些公共场所的秩序，去养老院帮老人做一些力所能及的事情，等等。

天天喜欢跟着大家去福利院，因为那里的孩子们很多，既有一些健康的孩子，也有一些身体有缺陷的孩子。那里的孩子们身世都十分可怜，天天很同情他们。每次去了，都要帮他们做一些事情，诸如给他们做一次爱心午餐，帮他们清理院落，给他们讲一讲外面学校里发生的事情……他一直很同情这些孩子们，在他们面前，从来不提一些诸如关于他们的亲生父母之类的敏感话题。也因此，他成了所有小小志愿者中很受欢迎的一位。

天天在做志愿者的过程中，得到了什么呢？除了帮助别人所体验到的快乐，还有更重要的一点，他比从前更有同情心了，更懂得站在别人的角度，对别人的事情感同身受。

和孩子一起去做志愿者，同情心对孩子来说很重要

有的父母可能会有这样的疑问：关于品格这个人生课题有那么重要吗？可以说，它甚至比出现在测试试卷上的分数重要得多，尤其是品格中的同情心。有同情心的孩子，能够站在别人的角度，感同身受，为别人着想。这样的孩子情商比较高，也比较能够交到更多的朋友。

父母平时也可以和孩子一起去参与一些公益活动，让孩子接触更多的人，帮助更多的人。在这个过程中，孩子自然而然地就能学会站在别人的角度看问题，设身处地的为别人着想。这种美好的品性也使得他格外受欢迎，成为“小小万人迷”。

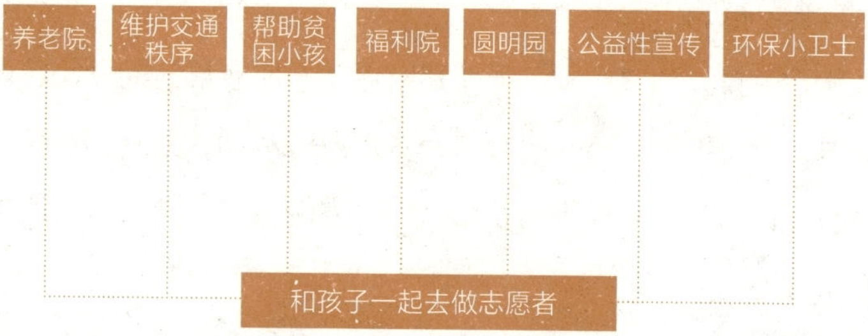

当然，培养孩子的爱心，并不单单是和孩子一起当志愿者，生活的点点滴滴中也都藏着培养孩子美好品格的好机会。

小小的“排队”中藏着大大的品格——老吾老以及人之老

父母们不要小瞧了“排队”这件事情。它其实可以培养孩子的多种品格。不单单是为他人着想的同情心，还有“社会规则意识”。甚至还有教育学家提出，自觉排队的孩子在学习能力方面要远远领先。

实际上，很多小孩子在公共场所并不喜欢自觉排队，过马路或者买票的时候，总是喜欢抢第一个位置。对此，父母可以多跟孩子说说自觉排队的好处，还可以跟孩子讲讲“中国式过马路”“踩踏事件”等社会问题。这样，孩子慢慢就能明白，自觉排队不仅仅是为了维持公共秩序，而且还能减少一些危险性事件的发生概率。

在孩子排队过马路的时候，还要提醒他注意交通规则，多帮助那些行动不便的人。比如一些老人过马路时，可鼓励孩子做到“老吾老，以及人之老”，主动搀扶老人过马路。

保护环境——己所不欲，勿施于人

有些孩子吃了零食，乱扔果皮和零食袋。他们从来就没有“垃圾扔进垃圾桶”的概念，也从来不会想到自己随手扔掉的香蕉皮会不会滑倒别人，随口吐出来的口香糖会不会沾到别人的鞋子难清理。其实这些孩子就是缺少环保意识。父母若及时教给孩子一些环保知识，不仅能提升孩子的环保意识，而且孩子在坚持环保的过程中，还能渐渐培养出“己所不欲，勿施于人”的品性。

有时候，父母可能觉得不知道从何处入手来教给孩子一些环保知识。其实很简单，身边的每一件小事几乎都与环保有关。平时去菜市场买菜时，用环保袋不用塑料袋，告诉孩子塑料袋严重污染环境，埋在土壤里很难分解，会影响土质，焚烧的话又会污染空气。逢年过节放鞭炮的时候，给孩子讲一讲放出的鞭炮会产生一氧化碳、二氧化碳、二氧化硫等气体，会造成大气污染，而鞭炮的声音则会产生噪声污染等。

孩子依赖性强，不妨给他创造一些独立的机会

☺ 给孩子创造一些独立的机会，信任他而不是过度保护他

☺ 父母也可以邀请孩子一起参与一些重大事情

“天天的绘画兴趣班500元，全家人购置衣服费用……”我正在计算当月的收入和花销。天天看到了，嘀咕道，“妈妈，你可真不够洒脱，家里不至于如此缺钱吧，这么算计呢！”

我有点哭笑不得，真是不当家不知柴米贵。不过很快一个极妙的主意闪过大脑：何不趁此机会，让儿子来独立当回家？

“天天，你是不是认为当家很容易？”我先试探着问他。

“有什么难的？不就柴米油盐几件事？”他说完拍拍小胸脯，身体前倾，眼睛睁得圆圆的，“老妈，要不我来当一回家？”

于是我们一拍即合，从此，天天就多了一份特殊作业——独立当家。作业的期限是一个月。我把当月的收支单给他，让他来记录。并且每个月财

务中的投资部分，也归他管。不过关于如何理财，他自然一窍不通，必须请示我们才行。

第一个星期：天天自从成了小当家的，那日子才叫一个爽，花钱大手大脚，每天就知道“买买买”，想买的统统买回家。我们朝他要零花钱，那也算是“每求必应”。我和天天爸爸故意朝他伸手要了很多“零花钱”。天天觉得做小当家的真是太幸福了。

第二个星期：天天发现吃喝拉撒处处都是花钱的地儿，这个星期，家里也出现了一些“意外”状况，电视坏了，电脑坏了，厨房下水道堵了，当然，这“意外”是我们人为制造的，天天并不知道。而请来“维修”的人，其实是天天爸爸的一个新朋友，对此他并不知道。他只知道处处都需要钱。可谓花钱容易，挣钱难。

第三个星期：我们家过生日的朋友特别多，这个月还有几个值得庆贺的节日，就这样，天天手中的钱哗啦啦出去了。天天不舍得再随便给我们“零花钱”了，他自己也减少了开支。

第四个星期：计划的零花钱远远超出预期。在本星期的最后一天，我们吃了一天的方便面，天天说这是为了“省钱”，让大家都记住，以后花钱要“靠谱”！

天天自从这次独立作业交卷之后，就开始画从前王子般的生活画上了句号。

给孩子创造一些独立的机会，信任他而不是过度保护他

很多父母一方面抱怨自家孩子不独立，依赖性太强，另一方面其实并不舍得给孩子独立的机会。孩子即便上了小学，在某些父母看来，他仍旧如同小婴儿一般，需要大人去呵护。让已经九岁的孩子独自上学，独立做一顿饭，单独去买些生活用品……这些小事情就足以使一些父母抓狂。他们害怕孩子独自上学被绑架，害怕孩子独自做饭被烫伤，害怕孩子独自去买东西被狗咬。

父母的这种不信任和过度保护的做法，在孩子的心里种下了恐惧的种子。很多在这种环境里成长起来的孩子，直到长大后，还是无法从这种儿时种下的恐惧中走出来，他们会怕陌生人，怕狗，怕黑，内心软弱且缺少安全感。

对于这个年龄段的孩子，父母其实可以在一些小的事情上给予孩子一些独立的机会。比如周末的清晨，享受一顿孩子独自做的早餐；如果学校和家距离并不远，三年级的孩子是可以独自去上学的；给孩子当“小管家”的机会，让他像大人一样思考如何处理柴米油盐等生活杂事。

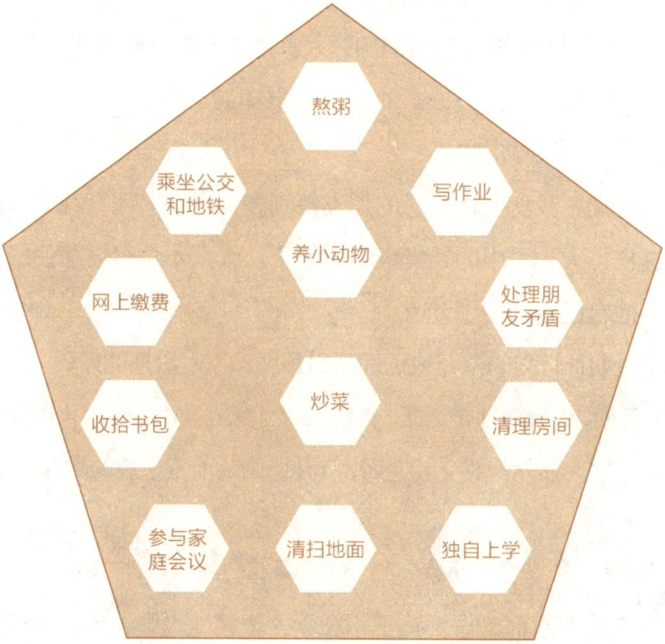

父母也可以邀请孩子一起参与一些重大事情

父母们也可以在一些涉及家庭重大决策的事情上，邀请孩子一起参与。这不仅会使孩子们感受到父母对自己的重视，觉得自己很有价值，而且在参与的过程中，大人的这种信任能使孩子在独立的路上走得更远。我们举一个简单的例子来说，比如父母要买二套房，可以让孩子参与这件事，从地理位置、政策影响、附近的发展机遇等多方面来综合考虑。去看房的时候，也要带上孩子，让他一起来参与户型评定等问题。家庭里的大事情都让孩子参与，非常有助于培养孩子的独立性。这样的孩子，不仅在行动上独立性较强，在思想上也非常有自己的独到见解。

孩子不够勇敢，参加竞选是锻炼他的好机会

☺ 教给孩子一些很实用的竞选技巧，诸如打亲情牌或平民牌

☺ 鼓励孩子多用一些逆向思维来拉选票，多向大家展示自己独特的一面

☺ 告诉孩子“过程比结果更重要，努力比过程更重要”

“天天，快点出来玩！”楼下传来赵鹏飞的大嗓门。如果在平时，天天恨不得立即就飞奔下去，和赵鹏飞他们一起玩耍。可今天就有点例外了。他对外面赵鹏飞的声音置若罔闻。他正忙着呢！

原来，他在制作竞选班长演讲幻灯片。赵鹏飞已经连任三次班长，该换届了。班里总共 25 个孩子，有 10 个孩子竞选班长这一职位。

天天刚上一年级的时候，班主任实行的是轮流班长制，每个孩子都可以当两周班长。孩子们轮流当过几次班干部后，逐渐熟悉了一些流程。那时候，比起班长，天天更愿意当学习委员、数学课代表之类的班级职务。但这次不同了，天天认为这些职位相对于班长这个职位来说，简直是小巫见大巫，当

班长无疑是“威风”的。

不想当将军的士兵不是好士兵，我和天天爸都非常支持天天竞选班长。天天以前竞选数学课代表和学习委员的时候，是非常简单的。因为数学是他擅长的科目，他的其余功课也都很棒。可是，竞选班长就不是那么简单的事情了。

天天起初只写了一部竞选班长演讲稿，内容并无新意，无非是说说自己如何想当班长，希望获得大家的支持。我看了他的演讲稿，就知道如果循规蹈矩地演讲参加竞选，显然毫无胜算。怎么做呢？我并没有直接指出问题，而是给他讲了一些大人们竞选职位和国外的一些总统竞选时所惯用的一些招数：打亲情牌，平民牌，粉丝牌等。还跟他讲了一些不一样的竞选方式。结果，天天嘴角上扬，显然，这是一个带有小坏的微笑。后来的事情大家也就能猜到了，他下了一番功夫，赢得很多票数，自然而然地成为三年级下学期的班长。

孩子无论是竞选班长，还是参加其他一些竞选项目，都是他成长的一次好机会。孩子在竞选的过程中能学会很多东西，诸如如何更好地展现自己，如何在大家面前轻松演讲，如何与不同的人相处，如何赢得同学们的信任，等等。而这些都是在书本上学不到的。但长大成人后想要有一番作为，这些又都是必备的。那么，当孩子想竞选班长或其他一些职位时，父母该如何当好参谋长和拉拉队长呢？

教给孩子一些很实用的竞选技巧，诸如打亲情牌或平民牌

成人常常小瞧孩子，觉得孩子的世界单纯无比。其实孩子们的世界就是一个小社会，孩子们成长的过程也是一个逐渐社会化的过程。在小学初年级阶段，孩子不该生活在童话和幻想的世界里，父母是有必要让孩子接触一

些社会化的东西的。比如，孩子参加竞选的时候，可以告诉孩子一些成人世界里参加竞选的规则和方法。大人们可以给孩子讲一讲那些有名的人物是如何为自己拉选票的。比如某位明星，总是喜欢打亲情牌，给大家讲一些自己和家人的事情，这些虽然与她或他的演技无关，但无形中却能感动一些人，增加潜在的粉丝。再比如一些政要人物，竞选的时候，必然要打平民牌。他会明确让人们知道，他如果能入选，会给大家带来何种好处，会让大家的幸福指数提升多少等。并且他的确也在试着这样做。如此一来，他就会赢得更多的票数，更有入选的把握。当然，一个人必须也确实是打心底为别人着想，这样别人才能一直支持他。

鼓励孩子多用一些逆向思维来拉选票，多向大家展示自己独特的一面

父母还可以鼓励孩子们“剑走偏锋”，运用一些与大家不一样的思维方式来博得关注。可以是在演讲结束时展现才艺，也可以是用话剧的形式来演

讲等别出心裁的方式。

天天的表妹蜜桃也参加了班长竞选。她的演讲是脱稿的，说话声音也非常洪亮，一点都不怯场。演讲结束后，她给大家表演了一个很有趣的小魔术。如果说前半段表现并不能吸引更多粉丝，那么最后这一点却足以为她多拉几票。

告诉孩子“过程比结果更重要，努力比过程更重要”

孩子参加任何形式的竞选活动时，父母都应当让他明白这样一个道理：“过程比结果更重要，努力比过程更重要。”无论竞选的结果如何，至少在这个过程中，孩子的一些能力得到了提升。而孩子在做一件事情时，所付出的努力要比做这件事情的过程更有价值。